教育教学与人才成长
研究文库

本书由"上海浦江人才计划"资助出版

如何指导
博士生学术写作

给导师的教学法

（第二版）

【澳】芭芭拉·凯姆勒（Barbara Kamler）
【英】帕特·托马斯（Pat Thomson） 著
陈淑华 译

Helping
Doctoral Students Write

Pedagogies for Supervision

Second Edition

上海交通大学出版社
SHANGHAI JIAO TONG UNIVERSITY PRESS

内容提要

　　《如何指导博士生学术写作——给导师的教学法》2006 年出版了第一版，2014 年再版，得到了广大博士生和博士生导师的广泛好评。本书与其他指南书不同之处在于——它的出发点不是直接告诉博士生怎么完成论文，也不是告诉导师应该怎么教，事实上由于学科差异这也很难办到；本书主要的特点在于提供了一种讨论和探究指导博士生学术写作的"语言"。著者多年的经验和实证研究发现，博士生导师在指导博士生学术写作的时候缺乏讨论写作的恰当的"语言"，这种语言的缺失导致双方在交流上的障碍（一个直接的例子就是导师只能告诉学生某篇论文的学术水平不够，但为什么不够却很难用语言精确地描述出来）。本书用了大量的比喻，深入浅出地开辟了一个讨论如何辅导博士生学术写作的有效空间。

　　本书的读者对象主要是博士生导师，但对于博士生和初入学界的青年学者都是难得的经典参考图书。

图书在版编目(CIP)数据

如何指导博士生学术写作：给导师的教学法：第二版／（澳）芭芭拉·凯姆勒（Barbara Kamler），（英）帕特·托马斯（Pat Thomson）著；陈淑华译. —上海：上海交通大学出版社，2020(2024 重印)
ISBN 978 - 7 - 313 - 22756 - 0

Ⅰ.①如… Ⅱ.①芭… ②帕… ③陈… Ⅲ.①科学研究－论文－写作－教学法－博士－研究生教育 Ⅳ.①H152.2

中国版本图书馆 CIP 数据核字(2019)第 283728 号

Helping Doctoral Students Write：Pedagogies for Supervision，2nd Edition / by Barbara Kamler and Pat Thomson / ISBN：9780415823494

Copyright 2014 by Taylor & Francis Group LLC
Authorized translation from English language edition published by Routledge，part of Taylor & Francis Group LLC；All Rights Reserved.
本书原版由 Taylor & Francis 出版集团旗下，Routledge 出版公司出版，并经其授权翻译出版。版权所有，侵权必究。
Copies of this book sold without a Taylor & Francis sticker on the cover are unauthorized and illegal.
本书贴有 Taylor & Francis 公司防伪标签，无标签者不得销售。
本书中文简体版专有出版权属于上海交通大学出版社版权所有，侵权必究.
上海市版权局著作权合同登记号：图字 09 - 2017 - 231

如何指导博士生学术写作——给导师的教学法（第二版）
RUHE ZHIDAO BOSHISHENG XUESHU XIEZUO — GEI DAOSHI DE JIAOXUEFA (DIERBAN)

著　者：［澳］芭芭拉·凯姆勒(Barbara Kamler)　　［英］帕特·托马斯(Pat Thomson)
译　者：陈淑华
出版发行：上海交通大学出版社　　　　　　　　地　址：上海市番禺路 951 号
邮政编码：200030　　　　　　　　　　　　　　电　话：021 - 64071208
印　制：浙江天地海印刷有限公司　　　　　　　经　销：全国新华书店
开　本：710 mm×1000 mm　1/16　　　　　　　印　张：12.25
字　数：195 千字
版　次：2020 年 3 月第 1 版　　　　　　　　　印　次：2024 年 11 月第 9 次印刷
书　号：ISBN 978 - 7 - 313 - 22756 - 0
定　价：78.00 元

译者序

　　这本书是我在加拿大读博士期间一门课程的教科书之一。现在我仍然记得当时那种读着读着茅塞顿开的感觉，尤其是读到第二章《把章鱼放入罐中》和有关晚餐会的比喻。实在是太有用了！作为一个用外语写作学位论文的国际学生，我会时不时地查阅一些写作的指南书，直到现在我都可以随手推荐出一两本我觉得特别有帮助的书。在遇见凯姆勒和汤姆森的书之前，我都以为写作就是个技巧活儿，看多了就会了，而且只可意会不能言传；这就像学习英语发音一样，老师摆弄不了你的舌头，你最多只能看着发音图自己摸索和体会。

　　但是，这本书不一样。它一开始就特别明确地指出，写作本质上是一个身份认同的工作（identity work）；无论你是否意识到，你的措辞、语气、语法，还有非常重要的人称，都是写作者"这个人"的体现。在我看来，虽然本书主要的读者对象是研究生导师，但对于研究生或许有更大的借鉴意义：是你（写作者）在运筹布局"你的"文献，是你在引导读者理解"你的"意义，也是你在选择用怎样的措辞来传达"你的"思想。因此，这本书的非凡之处恐怕在于，它明确指出和大力号召学生在写作论文中拥有的强大的"权力"。这也是我想把这本书介绍和推荐给广大研究生同学并愿意花时间译成中文的初衷。

　　我觉得我是一个还算不错的读者，但可能不是一个特别胜任的译者。后者的缺陷在翻译本书中暴露无疑。很多时候，我找不到中文对应的学术词汇，在中英文句型转换上也花费了很多时间来反复思量和修改。翻译的标准"信、达、雅"，我至多勉强做到了"信"。所以，我非常想跟读者说一声抱歉。不过，转念一想，如果我的中文版能激起读者阅读英文版的兴趣，那这也算是我的一点点贡献吧。

　　为了方便读者理解，我把书中所有的 doctoral researcher（直译为博士研究者）以及相关的指代都译为"博士生"。但我必须指出，使用"学生"的字眼在某种程度上弱化了本书作者对于博士生在实践共同体中的地位和身份认同的看法——因为两位作者在书中突出和强调的并不是博士研究生的学生身份，而是他们在写作中拥有或应该拥有的主动权。这一点我希望读者能在阅读中充分注意。

　　本书的翻译工作断断续续历经了近两年，其间家庭变故、工作繁忙，让我不得不熬夜加班来赶上进度。这里我特别感谢上海交通大学高等教育研究院两位硕士研究生的大力协助：蒋雅静和高磊。他们分别完成了第三、四章和第五、八章最初的草稿。在此我也想感谢上海交通大学出版社的易文娟老师，感谢她一直以来的跟进、宽容和支持。同时也感谢我所在的教育教学与人才成长研究中心的所有同事对我一直的关心、帮助和鼓励。

　　我对本书所有的部分和章节都进行了认真地、逐字逐句地翻译、修正和校对。但是，由于第一次做学术翻译，水平有限，错误和漏洞在所难免，恳请广大读者批评和指正。

陈淑华

2020 年 1 月

再版说明

我们在八年前完成了本书第一版。八年中,博士教育、博士生指导和博士生写作较以往吸引了更多关注。事实上,我们也推动了学界对这些领域的关注。2010年我们编著了一本有关指导学生发表论文的书(Aitchison,Kamler and Lee,2010)和两本有关研究方法和博士教育文献的指南书(Thomson and Walker,2010;Walker and Thomson,2010)。近期我们完成了一本有关同行评审期刊投稿的书(Thomson and Kamler,2013),并继续举办工作坊、开设课程和指导博士研究生。这些活动都让我们对博士写作实践有了更多的认识。

实践证明《如何指导博士生学术写作——给导师的教学法》给出的方法行之有效。本书作者推崇研究即写作、写作即研究,并以此为基础旨在帮助博士生导师有效指导学生写出论证充分、文笔生动的毕业论文。

无疑,很多博士生认为论文写作是繁复困难的工作,而他们得到的建议却很难解决这种困难。凯姆勒(Kamler)和托马斯(Thomas)博士在个人、院校和文化情境三位一体的基础上,为学术写作提出了一个极其有效的理论框架。

本书中提到的教学模式是基于"写作是社会实践"这一理念。这个理念令博士生导师把博士生看作是刚刚加入学术社区、需要学习如何重新运用学术语言进行话语实践的新成员。这涉及学习复杂的、特定的、具有一整套传统以及文字特征的写作实践。本书为研究生导师提供指导常见文体写作方面的建议,例如如何撰写开题报告、期刊摘要、文献综述以及如何建构论点等。

本书第一版已经帮助很多学者和研究生写出了更好的论文。修订后,第二版包含以下内容:

- 来自不同学科领域的范例

- 新增把论文改写成期刊文章的章节
- 补充了更多有关阅读、记笔记、演示和参加学术会议的建议
- 更多有关发展个人写作风格的信息
- 如何使用社交媒体(博客、推特和维基)来发展跨学科和跨国界的人脉网络和对话

本书通过博士生的真实经历与论文来阐释和讨论形成学术身份的复杂性。

凯姆勒和托马斯呈现了一个具有说服力并且已被证明的观点,即高校不能仅对博士指导进行督促,而应该支持学术研究共同体的发展。所有想帮助学生成为学术人的导师将会发现,本书中呈现的观点和建议妙趣横生并充满真知灼见。

芭芭拉·凯姆勒(Barbara Kamler)是澳大利亚迪肯大学(Deakin University)的荣誉退休教授。

帕特·托马斯 (Pat Thomson) 是英国诺丁汉大学(University of Nottingham)的教育学教授和高等教育研究中心(Centre for Advanced Studies)主任。

我们要感谢很多人的支持和帮助。首先是我们的研究生和工作坊的参与者。没有他们,我们的学习和进步无从谈起。此外,比尔·格林(Bill Green)和安丽森·李(Alison Lee)为本书提供了思想火花,他们一直为提高澳大利亚的博士教学和博士生学术水平而笔耕不辍。此外还有路特雷奇出版社的菲利浦·莫德(Philip Mudd)先生,感谢他一直热情不减、不遗余力的支持和无限耐心。我们也感谢为本书提出宝贵批评和建议的莱斯利·法雷尔(Lesley Farrell)和罗德·麦克莱恩(Rod Maclean),他们仔细阅读了第一版并提出了建设性的意见。最后当然要感谢我们各自的人生伴侣兰迪和格雷格,感谢他们能忍受我们喋喋不休地汇报本书的进展情况以及为本书的写作提供食物和场地。

完成一部著作对于任何作者来说都是欣喜若狂的事情——无论这个作者是博士生还是导师。然而我们并不想就此停止这场讨论。我们期待读者反馈,期待读者分享自己指导博士生写作的经验和技巧,将这场讨论继续下去。

前　言

　　我们并未打算写这样一本书。我们有关博士生写作的对话始于帕特在芭芭拉所在大学的博士夏令营作的报告。在报告中帕特谈到她在做自己的博士论文时有关写作的经历，这引燃了热烈的讨论。

　　我们发现，尽管我们两人的背景和职业训练不同，对写作的想法却不谋而合。芭芭拉本来是一个教育语言学家，在博士毕业以后，她参与了多个有关性别和学校教育的项目，开始把教育语言学与批判话语分析结合起来。她一直认为自己是教写作的教师和写作研究者，直到最近，她开始聚焦老龄化文化叙事和多辈人的素养教学（cross-generational literacy pedagogies）。她在写作上的兴趣与社会公平、身份认同和代表性的问题紧密联系。帕特开始学术研究较晚，她早年一直是校长和教育系统的决策人员；她把新闻教育融入课外活动，并有文字作品和广播节目。她把自己描述成致力于社会公平的学者；她的研究主要集中在政策、权力问题、地域与身份认同以及教育民主化。她对写作的兴趣源于她自己对于写作的迷恋。

　　我们的合作虽属偶然，但我们对于如何指导博士生以及博士生写作理论相对稀缺的共同关注却让彼此长期保持对话。

　　我们是在一个学术会议上做完有关"整理成文"的报告之后开始写这本书的。有关"整理"（write up）这个词的意思在本书的第一章会有解释。不过，在写那篇会议论文的中途，我们意识到我们已经有书的雏形了。我们在加拿大、澳大利亚和南非做过一系列的工作坊，通过这些工作坊，我们理清了写作博士学位论文的关键步骤：整理文献综述、写摘要、构建论点和写会议论文。每个工作坊的参加人数都超过预期，这让我们更加坚定地认为博士写作是大家关心的热点，却鲜有系统的讨论和论证。

　　我们访谈了同事、自己带的研究生和参加工作坊的人,他们的观点在本书中以半文学化的形式呈现。我们用虚构的人物来呈现访谈的原貌。我们也用了学生习作——好的范文和存在问题的文章都有,并对这些文章进行匿名加工。这样做一方面是出于保密性考虑,一方面是想抓住主要的模式、情感和经历,而不是细枝末节。因此,我们并未给出学生习作的出处,而只关注了这些习作写作和论证的方式。文学化的叙述也让我们可以用同理读者的方式自由发挥(见 Clough,2002)。我们感谢学生和同事赠予文字,希望他们认可我们的呈现方式。

　　我们想从一开始就明确这一点,即把文字付诸纸上并非易事。如何落笔的焦虑并不限于博士生,取得博士学位之后这种焦虑也不会烟消云散。或单独或一起,我们在散步、喝茶和做清洁的同时构思了本书的一些片段。由于一个住在英格兰,一个住在澳大利亚,我们写书的时候遵从的也是书中的建议:坐下随便写点什么! 两个人一起的时候,很明显其中一个会花大量时间构思文字的每个部分,而另一个则是疯狂写作随后花时间反思和整理。不过,两人都做了一些无用功,最终把自己融入了写作的文字中,就像所有的博士生一样。

目　录

导　语

从第一版开始,我们就一直认为指导研究生是一项既充满挑战又容易引发焦虑的工作。成倍增长的满意度调查、就业排名表等等叠加在经费压力和其他形式的审计上。在博士学位授予点继续增加的同时,随之而来的是对于博士毕业生未来做什么和在何处工作的担忧。很多导师自己也是新晋研究者,尽管他们所在的院校已逐渐开始为博士生提供"训练",却很少为导师提供正式的支持。很多新晋导师教学任务繁重,需要时间来增加自身的研究经验。

尽管导师自己的压力很大,指导论文仍然是博士生得到教育的基本方式。学生和导师之间一对一的见面会不仅仅是办公室的谈话,更是取得博士学位关键途径。博士学位的获得从来都是师生合作的结果,但却是私密并带点神秘地发生在"门后"的过程。

不断涌现的有关研究生指导的文献正试图打开这些"封闭的门",为我们提供一个了解这一重要关系的平台。有些高教研究者研究导师指导活动的类型,以此来描述指导实践的不同方面(Eley and Murray,2009;Lee,2011;Peelo,2011;Wisker,2012),但这不是本书的范畴。我们并不研究师生关系本身。我们的贡献在于为导师们提供可以用于指导学生写作的资源。

我们频繁引用了佩里(Paré)的观点(2010a,2010b,2011;Pare et al.,2009,2011),他长期以来系统地研究导师如何与学生谈论写作。他呈现了导师在处理写作的复杂性时所感到的无助以及提供给学生各种有帮助或没帮助的反馈。他的研究佐证了我们写作本书是有必要的。导师们需要一系列技巧来帮助学生写出高质量的作品。

我们在书中使用英国和澳大利亚的术语 supervision(指导)和 supervisor(导师)来描述博士生的"老师",并把正在攻读博士的人称为 doctoral researcher

(博士研究者)。我们也用"学生"这个词来表达导生关系所涉及的院校权力关系。不过,考虑到博士生群体的年龄、背景和职业阶段逐渐多样化,我们更倾向于用博士生的研究来定义博士候选人(doctoral candidates)。我们毫无区别地使用 thesis 和 dissertation(学位论文)来描述博士生最终接受检验的文字。同时,我们认识到不同国家在博士教育形式上存在着文化差异。

例如,在英国和澳大利亚,最常见的教学关系是一位博士生和一位导师还有副导师以定期单独辅导的方式见面。但是,英国更受欢迎的指导模式也开始有第一年集中的研究课程,而澳大利亚的学生也必须修一些课程。相对而言,北美的学生必须完成一系列课程才能拿到学位;由一个委员会来指导博士研究,这个委员会的成员既是评阅人也是指导人,但由一位导师(advisor)主要负责。英国的博士生考试通常是一位内审和一位外审来审核论文再加上 viva(保密性的口头答辩)。在澳大利亚,两名来自校外的评阅人提供学位论文的审阅报告,意见不一致时要引入第三名评阅人;没有口头答辩。

这些差异很重要。读者是谁和论文会受到何种批判性的考核会影响学生如何写作论文。论文是由本校学者评阅(美国)还是由校外学者评阅(澳大利亚),抑或是两者兼有(英国);论文答辩不公开(英国和新西兰)或是由委员会参与的答辩(美国),或像斯堪的那维亚和北欧国家那样更加公开和充满质询的考试形式,这些因素都会影响论文的写作。但本书的论点是不管考核形式、论文结构或导师的指导是怎样的——无论是包含多个导师的委员会还是单个或多个导师——给写作更多的关注都是非常必要的。

在本书中我们把指导研究生和教学法融合起来。在英语为母语的国家,尤其是英国,"教学法"(pedagogy)这个术语常被认为是技巧,因此和"教学的方法"可以互换使用。但是,在非英语的欧洲,传统意义的教学法被看作是一种实践,它包括学生、教师、情境、知识、技巧、态度、价值观和评价,以及所有这些结合起来的可辨别的模式。教学法的特点包括信息取得的途径、活动的结构和节奏、提供的语言和理论框架以及允许、培养和禁止的关系。教学法可以表现关心或冷漠,为学习者提供更多或更少的能动性,也可以较多或较少地包容差异。

我们认为设计指导研究生的教学法很有必要,而不是像沃德(Ward,2013)所说的"偶然为之",意思是缺乏意图、遮遮掩掩和视而不见。沃德认为,教学法事实上并不关注是什么引发了博士生的焦虑和失败。某种程度上导师们明白沃德所指。指导博士生的谈话并非闲聊,而是以教学为目的的。但是,院校和学科并未关注指导研究生的教学特性,这使得导师可以参照的教学资源相对缺乏,只好借鉴自己当博士生的经历。

写作本书最大的挑战来自跨越多样化的障碍。我们想做的是给不同学科、不同国家和不同院校的导师写点东西。事实上,博士学位本身就存在多样化,有各种不同的类别,最终的"产品"也各有不同。尽管有这些差异,我们仍然认为,写作的问题往往被简化到语法和风格的问题,而没有像我们指出的那样,被视为是文字工作和身份认同的问题。我们希望读者感到本书适用于各自所处的情境。

我们也应说明本书无法涉及的内容。我们仅仅聚焦在与学位论文有关的写作上,并没有包含简历、进展报告或其他在博士生阶段遇到的写作类型。我们也无心覆盖所有的学科。我们的范例从教育学领域(第一版)延伸到了社会科学领域。我们收到过希望本书包含理科的请求,但是,由于理科的写作要求和所涉及的关系与人文和社会学科有很大差异,我们感到需要区别对待。古德森(Goodson)的书《成为学术作家——50 个练习造就紧凑、强势和多产的写作》(*Becoming an Academic Writer: 50 Exercises for Paced, Powerful and Productive Writing*,2002)是面向行为科学的;古斯塔维(Gustavii)的书《如何根据科研论文准备科学博士论文》(*How to Prepare a Scientific Doctoral Dissertation Based on Research Articles*,2012)是专门针对生物学、医学和技术学科的。

我们注意到很多导师关心如何支持那些母语不是英语的学生,无论他们是否是国际学生。本版给这些学生更多的关注,尤其是在第六章和第七章。我们向导师们推荐帕尔特里奇(Paltridge)和斯塔菲尔德(Starfield,2007)专门针对第二语言写作中具体问题和困难的书。库里(Curry)和利利斯(Lillis,2013)有关学术素养和发表(特别针对多语言学者)的书也很有帮助。其他的书,例如格拉夫(Graff)和比肯斯坦(Birkenstein)的《他们说,我说》(*They say, I say*,2010),提供了成功进行学术写作的细致入微的技巧,这些技巧明确了写作的步骤。

我们猜想忙碌的导师们会很高兴有一本基于学术和研究的书,而且总体上深入浅出。就是说,我们并未在文字中旁征博引,也没有对不同的论点过度展开。我们提供了支持自身立场的主要文献,当然并不能奢求读者与我们观点一致。

我们视本书为实用型图书,但它不是一本指南书。我们不提供窍门,因为解决博士生面临的问题不是简单的技巧问题。相反,我们把博士写作视为身份、学科以及院校传统和要求的复杂合体。读者可以在章节之间穿梭阅读,而并不需要从头读到尾。不过我们建议读者先看第一章和第二章,因为这两章设定了本书的理论前提和我们解读博士写作和研究生指导教学的框架。在本版我们修订了这两个章节来反映我们理论框架的进一步发展。我们也引入了"实践共同体"的概念(Wenger,1998)。我们希望这个很多读者已熟知的概念能够把我们的理念与已有的理念连接起来。

第三章和第四章是有关文献的,新增了有关阅读和记笔记的部分。在第五章我们对人称代词"我"进行细致和个性化的讨论。第六章在第一版的基础上进行了较大的修订,它呈现了一套语言学工具来帮助博士生写出更有说服力的文字。第七章主要是谈论博士生怎样写议论,我们增加了有关故事板(storyboarding)的小节。第八章是全新的章节,主要讨论发表,包括学位论文发表和其他发表形式。最后一章是有关博士写作如何成为院校文化和实践的一部分,新增了社交媒体和公众参与的小节。

第一章
聚焦博士写作

　　完成博士论文不仅对学生是个挑战，对导师也同样是挑战。从与同事的交流中我们发现，从学生通过资格考试直到毕业，写作都是个大问题。导师们常常把学生分成两类：会写的和不会写的。常见的问题主要是行文松散、论点不清、文献冗长。导师有很多疑惑：为什么我的学生不会阐述论点？怎样能让他们写得简明扼要？怎么做能帮他们写得有逻辑？为什么他们的行文缺乏自信？

　　导师很难找到专门讨论博士生写作的资源或是重构博士生写作的新角度，解决这一问题是写作本书的初衷。本书主要面向的读者是博士生导师，当然对于博士生来说也会有用。

　　但本书并不是自助手册，它不是给博士生导师的写作指导书。指导学生是一项复杂的教学实践。这项实践是熟手和新手之间的合作，是历经多年完成研究项目并把它变成毕业论文的漫长过程。在此过程中，导师的起点是作为专家指导整个过程——必读的文献、田野调查或者文本调查的设计、论文写作。渐渐地，导师开始放手让学生用学到的专业知识建立权威，"学生"的身份逐渐被"研究者/学者"的身份所代替。

　　但这并不是个简单直接的过程，不是一步接一步的线性前进。本书想要阐释的是，成长为学者是写作博士论文过程的有机组成部分。不过，大部分面向学生的指南类书籍以讨论技巧为主，而忽略了读博阶段的情感和心智成长。诚然，导师非常明了学生各自面对的困境，但导师们不一定把这些困境与写作上的困难联系起来。本书的目的是把写作与身份认同融为一体（详见第二章）这一特性作为博士生指导的核心。

　　本书有意避免指南书的模式，即强调"你可以、你必须、你应该、不妨"，尽管这种方式非常吸引人。取而代之的是，本书讨论我们在实践中发现的好的做法，并为读者（导师）尽量提供详尽的信息，以便可以在不同情境下使用。本书的焦点是教学法，即如何教与学。我们的参考资料来自社会语言学、批判话语分析、政策社会学和教学理论领域的文献；我们也参考自身辅导博士生的经历（有很坎坷的经历），还有我们在学术写作上的研究发现以及自身的写作经历。

我们突出语言和文字。我们反对把"整理"（writing up）当作看待论文写作的主导方式。我们推崇"研究即写作"的理念。我们关注描述博士论文写作的语言，因为我们相信语言不仅影响写作的活动，也影响从事写作的人。

由此，我们提出新的比喻和新的方式来理解博士论文写作的工作与技艺。我们把写作和写作技巧放在显要位置。我们的聚焦点是学术写作领域，关注学术写作的特殊体裁和传统。我们探索学术写作时间与博士学者成长之间的联系。基于当今对于写作、身份认同和写作作为社会实践的理解，我们把博士论文写作理论化。首先，我们对固化的"整理"说法提出质疑，因为这种说法淡化了对于博士论文写作应有的关注。

淡化"整理"

博士研究生在谈论博士阶段的写作时经常会说："啊，我正整理呢。""整理"的字眼在世面出售的指南书籍和写作指南网站上随处可见。甚至一些非常实用的科研写作书籍也把"整理"放在显著位置，比如沃尔科特（Wolcott，2001）的《质性研究写作》（*Writting up Qualitative Research*）。我们反对如此看待写作，主要是这种想法把写作看成是科研工作的附属品或边缘产品。首先我们做研究，然后整理，似乎这是个直接而机械的过程。

但是，写作是研究过程的一个重要组成部分。研究活动从一开始就包含了写作。研究者做笔记、记录想法、记录观察、概括文献、把录音转为文字、记录研究的某个具体部分的片段，这些活动所做的并不是简单的文字工作，而是一个阐释和深化理解的过程。还有公开化的文字——会议论文、期刊论文和毕业论文——所有这些都是创造性的工作。通过这些活动，研究者创造知识并成为不同学术社区的成员。

而使用"整理"这样的字眼磨灭了这些活动所蕴含的复杂性劳动。我们并非咬文嚼字，但这样的措辞确实有弊端，会令博士生对写作产生误解。托兰斯和托马斯（Torrance and Thomas，1994）的研究指出，研究生推迟毕业或无法完成毕业论文时常是因为写作问题。这些学生认为"收集资料、做研究和写作是严格分开的"（Torrance and Thomas，1994：107）；这种想法是问题的根源。

另有关于写作和学术成就的研究（Hendricks and Quinn，2000；Leibowitz and Goodman，1997；Lillis，2001；Lillis and Turner，2001）认为，写作问题阻碍了学生的科研产出，导师需要在这上面下功夫。我们认为问题之一便是重新认识科研写作，不再把写作看成仅仅是"整理"。"整理"这一堂而皇之的说法把写作看作田野工作之后的一个孤立阶段。不过，我们倒是同意李（Lee，1998）的说法，即整理使博士写作自然发生同时也将它隐去。"整理"的看法存在三个主要问题：

"整理"弱化了博士写作其实是思考的过程这一事实。我们通过写作思考，而并非做了科研以后马上就获得知识。从分析到思考的过程是通过写作来实现的。我们把文字付诸笔端，反复斟酌、反复推敲，然后发现新东西。如果科研的目的是分析收集到的数据的意义并通过理论化数据来加深对世界的认知，那么写作本身理应是这一探索过程的核心。

"整理"无法反映写作毕业论文的艰苦工作。写作是体力、情感和美学劳动。长时间坐在电脑前是体力和脑力的双重劳动。很多学者因此劳心伤神。同时，论文写作也是文字游戏。认真推敲字词、仔细选择引文、决定句法和小标题决定了成文是否流畅和通顺。而把写作简单说成是"整理"决然无法包含这些努力。相反，这种说法给人投机取巧的假象："繁复的劳动总算结束了，现在可以稍微歇歇，整理一下即可。"

博士写作并不是直接透明的过程，而"整理"的说法过于简单化。研究者并不是简单地"写出"真相。语言不是我们捕捉和交流研究发现的透明载体，真相也不是在某个地方等着研究者去发现和捕捉。写作创造的是客观世界的特定表现。数据或资料不是被发现的，而是通过写作产生的。研究者通过多重取舍和选择对数据和随后的文字进行塑造和加工，例如包含什么、删减什么、哪些是中心内容、哪些是陪衬、何时引文。这些取舍有深远的伦理意义，牵涉到很多问题，需要博士生关注。这些考量显然没有包含在过于简单化的中性词汇"整理"之中。

那为什么我们总说"整理"？是出于传统、坏习惯还是误解？为什么不是"写下来""反复写"或者"时时写"？既然"写"是个表示持续性探索过程的持续性动词，难道更好的说法不是"我在写作我的研究"吗？我们赞成劳雷尔·理查德森（Laurel Richardson，1990，1994）的说法，即研究就是写作。写作与研究的行动不可分割。在本章后面的部分，我们将呈现看待博士写作的另类原则。不过我们首先要通过反驳另一个有关博士写作的误区来进一步讨论科研写作，即写作到底是技巧还是情景化的社会实践。

博士写作：只是技巧问题吗？

专业书目录和书店会有整版和好几个书架的博士学位论文写作指南。这些书鼓励博士生听从有经验的专家的建议，作为导师建议的补充。

此类书籍大行其道并不完全是出版社顺应市场需求的结果，更不能简单理解为高度现代化必然伴随着专业知识的民主化（Giddens，1991）。而是像所有博士教育相关人士知道的那样，是在于读博这件事伴随着各种焦虑。学位论文达标了吗？如何做到及时查阅相关文献？怎样统筹资料？怎样才能把研究项目浓缩成十万字？而这些入门书正是用讲授技巧的方式回答这些问题。

基于技巧的建议之所以有问题，是因为语言并非是透明、直接的思想载体。技巧论把写作过程简化成线性，即先想后写。博士生只需先计划，做出篇章结构，然后一步一步、一章一章地写即可，好像在动笔之前已经构筑好语言的含义。初稿完成以后，似乎就没有构筑表意的必要了。唯一剩下的就是润色。技巧论把写作过程等同于摆桌就餐：餐具和餐盘已经从抽屉和橱柜里拿出来了，摆到桌上就好。

技巧论认为写作中出现问题是由于缺乏技巧。个别学生写不好的原因是"没学会"或者"没技巧"，而并未把写作放在学科和学校更广阔的背景中。因此，解决写作问题的对策也浮于表面，主要关注拼写、标点、语法、文章结构和引文规则等在学术写作中显而易见的东西。

我们刚开始查看科研写作网站的时候，经常看到信手拈来的技巧和过分简单化的建议。这些东西甚至没提到 20 世纪 80 年代修辞学的基本理论（Derewianka，1990）和 90 年代的过程论（Graveside，1983；Murray，1982）。下篇这段比较典型：

问问自己什么样的文章读起来能让你明白你想知道的所有东西，这是完美的文章。然后再开始写……

文章必须清楚明了。论文是为实现可重复性并增进理解……每一句话都要尽可能信息丰富。要包含所有相关信息。永远不要使用你不完全懂或不完全真实的东西……当提纲高度清晰的时候再动笔……

下面的问题会一步一步地指导你在研究论文中应该包括的问题。在这些问题都解决之后，撰写研究论文就只是写好问题间的过渡了。

（http：//www.jsu.edu.depart/psychology/sebac/fac-sch/rm/Ch4-5.html. 2001 年 10 月访问）

这类建议隐含的假设是写作问题和解决方案是直截了当的，问题很容易找到，也很容易解决。这样就催生了很多网上的写作辅导材料和博客，他们提供多种写作支持和技巧，就像前一章提到的那些。但这中间有很多给博士生的并不恰当的建议，博士生需要额外的帮助才能使用和鉴别。帮助他们"去粗取精"最合适的人莫过于博士生导师。

有关博士生写作的技巧类书籍数不胜数。这些过分简单化写作的看法体现在类似于《用两个学期或更少时间完成博士或硕士论文》（*Completing Your Doctoral Dissertation or Master's Thesis in Two Semesters or Less*，Ogden，1998）和《每天 15 分钟完成博士论文》（*Writing Your Dissertation in Fifteen Minutes a day*，Bolker，1998）这样的书名上。这些书从内容上只提供直接启发式教学，把获得博士学位看成是线性过程，而把不符合阶段设定的导师和学生看作是异类。

这些书并未真正关注写作过程。例如《研究生毕业指南》（*The Research Student's Guide to Success*，Cryer，2001）这本书谈到的主题有：与学校建立联系、适应新生活、保持记录、写好报告、发展创造性思维的技巧、写论文以及后续工作。这本书在不同标题下都提到了论文写作，但都以技巧为主，强调"实用"的小窍门。

即使不把写作公式化对待，从技巧出发仍然过度简化了写作论文中的工作。例如，《撰写优秀学位论文》（*Writting the Winning Dissertation*，Glatthorn，1998）这本书中《掌握学术风格》（*Mastering the Academic Style*）这一章教导学生这样做：

> 写一个段落。停下来读一读你写的。修改这一段。
>
> 再写一个段落——重复前面所做。

(Glatthorn，1998：109)

不但如此，这本书建议，如果学生想成为"知识丰富的学者"，可以遵从以下建议："努力写清楚""表现成熟度""注重形式""平衡自信和谦虚"(Glatthorn，1998：112-113)。或许导师们同意这些命令形式的建议，提供的范例也以正确和错误区分开来。然而这毫无帮助：因为深藏在写作困难下面的问题极少能简单到说一堆正面的建议就能解决。

这本书并非特例。很多技巧系的指导书都把写作简化为一套主观规则和格式。通过遵循那些有些武断的建议，而不是从研究发现出发，博士研究生对"变"出一篇优秀论文信以为真。

好在有很多文献把学术写作看作是社会实践，把意义构建看成社会现象。我们现在转向这些文献。我们不想只是"摒弃"技巧系的看法，我们更想详细阐述写作是社会实践的概念。

博士论文写作是社会实践

我们认为科研写作是机构限定下的社会实践。写作是意义构建，是在特定的学科和话语共同体中生产知识。区别"技巧"和"实践"是研究生教学思想的核心。我们认为，博士论文写作受到的关注之少令人惊讶，而把写作当作离散的脱离情境的技巧而非社会实践则令已有的关注也走向消亡。

"实践"这个词令写作重回社会实践的学术传统。基于此，必须从语言的使用来理解语言，它与人们在社会物质世界里从事的活动密不可分。那么，使用语言的方式并不是个别作者独有的特质。语言被不停重复和实践，变成个人和机构的模式化的惯例。利利斯(Lillis，2001)很好地诠释了把写作视为社会实践这一转型的意义：

> 广义上，这个转变必然把学生的学术写作视为社会活动，就像所有其他写作一样。也就是说，写作发生在一个有特定历史、文化、价值观和实践的特定机构。这意味着语言和写作技巧从被视为个人所有转向个人从事社会情境下的活动；

从个体学生拥有写作技巧转向个体在具体情境中从事写作。

(Lillis，2001：31)

摒弃基于技巧的写作模型能够帮助我们认识学位教育写作实践的复杂性（Lee and Street，2000）。有一批文献（并不一定是博士写作）将学术写作作为学科实践进行探讨。例如巴泽曼（Bazerman，1981，1988）和梅耶斯（Myers，1985）探讨不同学科的修辞差异：巴泽曼关注文学、社会学和生物化学；梅耶斯关注生物学。现在几乎每一个学科都有写作方面的研究，并覆盖不同的角度，例如视觉表演艺术领域的基于实践的学位论文的要求（Paltridge et al.，2011），物理学博士学位中涉及的社会政治问题（Li，2006），人类学领域中认识论、方法论和地域写作的交织（Reynolds，2010），还有学科教学中以不同形式把写作融入其中（Deane and O'Neill，2011）。

还有一些文献涉及研究生如何学习在各自学科社区里使用恰当的话语习惯（Berkenkotter and Huckin，1985；Dias and Paré，2000；Kamler and Maclean，1997；Prior，1998）。还有研究人员——主要在英国——进行高等教育领域写作指导教师的研究。例如，克拉克和伊万尼克（Clark and Ivanic，1997）研究写作中的政治关系和身份认同，而利利斯（2001）和库里（Curry，2010）从非传统作家的角度研究高等教育写作。这些角度都对研究博士写作有所帮助。

有些文献是针对科研写作的。《质性研究写作》（*Writting Up Qualitative Research*，Wolcott，2001）是很典型的由专家编撰的阐述科研写作过程的代表作。它主要强调写作的结构和组织，因此书的章节主要是关于制定写作计划、理清问题和呈现资料。很重要的一点是，沃尔科特（Wolcott）并不仅仅讲述如何写终稿，而是把写作融入研究过程的各个阶段。其他章节讨论纪录文献、做好文献综述、联系理论和方法、理论作为叙事、修改和编辑、压缩、增加篇幅和发表。这是一本很有用的书。做科研的确需要有条不紊、注重学术传统和把写作论文或著作分成一系列的步骤。尽管我们并不喜欢书名里使用 write up（整理）的字眼，我们还是想向研究生推荐这本书，因为它真实而不做作地揭秘了科研写作过程的一些重要方面。

有些质性研究者研究自己的学位论文写作。例如伊利等人（Ely et al.，1997）专门探讨写作实践。他们关注可能发展成为科研论文的不同类型的文字材料，例如他们区分描述性和分析性备忘录，这两种文字虽然类型不同但都是学生基于田野资料或文献阅读而产生的（Ely et al.，1997：Chapter 4）。对于低年级博士生来说,这些作者的帮助在于他们用理论而不是研究者自己的陈述来讲述科研过程(Ely, Vinz et al., 1994: Chapter 5)。伊利和同事在书中把理论、实用技巧和女权政治结合起来,并探讨支持小组的作用,包括为彼此提供批评与意见、推动论文发表,并由写作促进个人发展。这是我们极力向学生推荐的另一本可读性和实用性较强的书。

加曼和皮塔那利达(Garman and Piantanida, 2006)也同样呈现了写作小组的一些经历。他们认为在论文写作早期,博士生必须创作三类文字:经验性文字(有关科研的情况、科研场所和对象)、理论性文字(有关怎样从经验性文字中获得意义)、话语性文字(有关如何理解文献以及文献如何与研究项目关联)。这三类文字通过论文构建过程最终融入到论文中。这对部分博士生来说是有益的真知灼见。

我们对于博士论文写作的想法来源于社会科学的伦理学与写作认识论。自"人文学危机"以来,社会学家、文化研究者和人类学家一直把写作看作是特定时间/空间和条件下发生的社会实践。这个论点建立在知识(认识论)和学术认同(本体论)上。这些学者并未绕开技能和技巧、实用建议,更没有避开素养感悟(literacy sensibility),而是把所有这些都放在更广阔而深远的框架里。特别是劳伦·理查森(Laurel Richardson, 1997)提示我们要跳出"社会学实录"(sociological vérité),这种方式在资料呈现中忽视格式和观点的重要性。她还鼓励避开"以自我为中心的反身风格,即把研究对象当点缀和调料,只有跟社会学家的主菜在一起吃才食之有味"(Richardson, 1997: 20)。

有关科研写作的书浩如烟海,而有关博士指导的书也数不胜数(Barlett and Mercer, 2001; Benefiel and Holton, 2010; Delamont et al., 1997, 2000; Eley and Murray, 2009; Lee, 2001; Peelo, 2010; Phillips and Pugh, 1987; Wisker, 2004, 2012)。但这些都很少谈到我们说的以写作为中心的指导;这些书也很少将博士学位论文写作作为社会实践进行详尽探讨。浏览一下这些书的目录就可以发现,虽然书里谈及贯穿博士生涯的写作,但主要的观点还是基于"整理成文"。

写作、多样性和博士生指导

博士生数量的增加和生源的多样性使得辅助博士生写作论文变得更加必要

（Pearson，1999；Thomson and Walker 2010）。以往的社会科学领域的博士生已经发生了形象上的改变，他们不再是为了获得学术职业全职投入学习的青年学生。尤其在社会科学领域，博士生既可以是刚毕业的本科生，也有可能是事业有成的专业人士，此外还有逐年增加的想改变职业的年纪较大的博士候选人、退休后进修人员，或只是追寻个人兴趣而读博的人（Leonard et al.，2004）。处于事业中期的博士生在工作和生活经历上各有不同，他们中超过半数是半工半读（Evans，2002）；越来越多的人开始选择远程教育（Evans and Pearson，1999；McWilliam et al.，2002；Park，2007；Singleton and Session，2011；Smyth et al.，2001）。博士生的学习动机也各不相同，其中也包括想通过读博来提升个人资质的已在高校供职的学术和行政岗位人员。

很多西方高校从发展中国家吸引大批学生以增加收入，而并非为这些国家培养人才（Epstein et al.，2008）。越来越多的学生需要学习英语，学生们有千差万别的本科和研究生经历、来自不同的文化、有不同的预期，这些因素都作用于博士生指导（Casanave and Li，2008）。高校提供各种个性化和短期的学术语言课程（可参考 Cross and O'Loughlin，2013），但是如本书第二章所示，导师仍然需要调和规章、期望和学科传统之间的关系。

博士学位论文本身也正在多样化。无论是学习年限还是论文长度都有很多变化。从文本上说，对于研究的呈现有更多的形式，艺术类的论文和基于艺术作品的论文更加常见。论著类博士学位（PhD by publication）在欧洲和澳大利亚日益普遍，越来越多的人不得不在读博期间发表论文，而不是等到毕业以后。这些新变化要求校际层面对导师提供支持。为了适应这些新的学习模式和写作文体，高校应有相应的新做法（见第九章）。

许多高校都明白支持导师工作是非常必要的。然而，这种支持仅仅表现在质量保障和科研训练上。导师工作坊加指导计划是最常见的支持形式。院校也会要求导师保持自己指导学生的记录，但这样做的目的主要是避免学生投诉和诉讼。在有些国家，比如澳大利亚和英国，政府把博士毕业率作为衡量高校绩效的评价因素。但是，高校对于指导记录和高毕业率的追求并不一定会提升教学实践。

研究生指导一直是一件高度隐秘的事。鲜有高校为导师提供长期的职业发展支持，尽管这种支持在有一些教育体系中司空见惯；导师也很少有机会讨论指导博士生写作的多种方法。写作和语言的关系固然重要，但这仅仅是导师和学生之间的事。

写作方面的支持常常发生在师生关系之外。比如在澳大利亚和英国,写作指导是由专家支持的部门提供的,一般在外院或外系(这些写作支持措施会在第九章作进一步讨论)。最好的愿景是辅导写作的人员与具体的学科挂钩。学术写作的辅助是基于特定学科的实践,并且在写作教学和学生写作的背景之间建立了明显的联系(可参考 Cadman,2000,Lee and Danby,2011;McAlpine and Amundsen,2011)。可是,现有的辅助经常是补救式的(例如给国际学生的基础课);大部分学生无法获得辅助,类似的辅助在一般的研究生教育中处于缺失状态。

就算在重视本科生英语写作传统的美国,研究生教育中的写作教学也寥寥无几。罗斯(Rose)和麦克拉夫迪(McClafferty)在 2011 年指出,有关研究生导师如何教学生有效写作的专业性讨论太少了。他们认为,虽然学生的学术写作水平在高校内外被广泛诟病,但缺乏"系统化的针对塑造学术风格和身份"的措施(Rose and McClafferty,2001:27)(见第九章有关罗斯在加州大学洛杉矶分校开设写作课的部分)。如今情况有所好转,北美的有些高校开始为博士生提供个性化和小组写作指导。但开展以社会实践为导向的、面向博士生级别的写作指导仍然没有达到共识。我们认为写作小组和工作坊会对博士生有帮助,因此推荐博士生参加类似的活动。

然而我们写作本书的目的并非推荐写作课程,而是想在师生关系里开创教学写作的空间。作为本章的小结,以下部分陈述我们有关科研写作的核心思想,这些思想对研究生指导大有裨益。

科研写作的核心思想

我们早先提到了语言和写作的关系,这些观点贯穿本章,是博士生写作的基石。这里我们把所有整合起来,来阐述这些思想与本书的关系。首先,我们在认识论上的立场是后批判主义。对于语言和知识,我们的观点是二者都附着于文化而且浸润于权力关系之中。我们不认为语言是中立的表达形式,但意义却可以拥有共识。我们不认为有绝对的意义存在;每个写作者都有自己的价值立场。

研究即写作

从我们开始考虑研究问题的那一刻起就开始了写作。我们记下读过的书、写读书笔记、用日记记录想法；我们有一大摞随手杂记。随着研究的深入，我们把想法用总结和短文的形式记录下来。我们用笔记来准备讨论，我们通过会议论文第一次把研究想法呈现在公众面前。科研与写作不可分割。

写作是话语活动(discursive activity)

科研写作是构筑知识的方式。而知识总会受到历史情境、具体环境和产生地的影响。我们认为科研写作是话语性的(discursive)。话语以特定的形式把故事、真理和实践组织起来以构建知识和权力的关系。话语定义并生成我们知道什么、我们如何口述和如何写作知识对象，话语也影响着想法如何付诸实践。我们生活在一个充满话语的世界，这些话语是相异、重叠、交叉和相互竞争的故事和实践。福柯(Foucault，1991)认为**意义**只存在于话语中。社会性构筑的话语形式限制、创设和生成了：

- 什么可以说——什么可能被说和写
- 什么保存下来——什么会消失，什么被重复和流传
- 什么被记住——什么被识别和生效，什么被认为是可以搁置的
- 什么被重新激活——怎样处理那些来自外来文化或过去的东西
- 什么可以用——哪些个体和团体能接触到哪些话语，话语的制度化以及对话语控制权的争夺

写作是表现形式(representation)

我们写的东西是一种表现为书面的近似形式——既非实际存在也没有实际发生。由于文字只表示物质环境和事件，写作不可能是对于客观世界中某物的"反射"。写作不是镜子，而是作者通过写作的过程把自己对于现实的观点(社会构筑的)交给读者。当我们选择如何取舍、强调和鉴别时，我们是在进行话语活动。如前所述，我们通过基于文化、地域和时间的语言系统、普遍的话语和自己独特的经历来构建意义。

写作表现为文字

在写作过程中我们把文字放在纸上,所以认为文字和"自我"是分离的。文字不再是思想,而只是"字",是我们批判性看待的富有意义的一小缕语言。通过对文字提出批判性的问题——例如,包含什么不包含什么、什么放在显要位置什么放在幕后——我们开始发现自己作品中的盲点和自以为是的设想、词语和术语。由于我们的选择、经历和身份无可避免地体现在所写的论文文字里,因此我们有必要严谨地探究这些文字,明白我们可以用不同的方式写作。而把思想付诸文字是这个探究过程的重要部分。我们可以像看待其他任何文字一样看待自己的作品。

科研写作是特殊文体

科研写作包括田野笔记、期刊论文、文献综述、会议论文和学位论文,所有这些都是特殊的文字格式,或叫做文体;文体是特定机构和文化情境的产物。博士学位论文与其他科研文体相近,只是它更加受限于学位要求和学科差异。因此,博士学位论文是**特殊的**文体,可以通过学习和研究得到它特定的模式和传统。所有这些文体都基于特定的学科——撰写这些文体需要写作者构建基于学科的学术身份。

写作时心中有读者

在写期刊论文时,我们是写给特定期刊的特定学者群(Thomas and Kamler,2013)。田野笔记的读者是我们自己。对于写作博士学位论文来说,困难在于不知道或无法预测最终的读者或是论文的评阅人是谁。在有论文指导委员会的情况下或许知道评阅人是谁,但他们对于论文的反应仍未可知。论文写作的大部分时间里导师是代替评阅人的读者。但一个人同时担任准评阅人、教练、评论员和导师并不容易。

是研究者也是作者

职业作家通过揣摩语言来写出想象力和表现力俱佳的文字。我们学术作家通过努力也能做到。我们可以用比喻、寓言、修辞和诗歌来创作读者喜闻乐见的科研文章(Game and Metcalfe,1996)。无论什么样的研究,量化研究和实验、民族志、案例研究、艺术研究，都可以写成有趣的文字。有些学术领域有运用第三人称叙事的传统，有些研究活动更适合用平实的词汇来表达客观性。但这些都是写作时的选择。

写作是与其他作者对话

由于语言是社会的产物，而且，由于科研是社会实践，因此我们的写作是与他人和其他文字对话的过程。巴赫金（Bakhtin，1981）把这个特征称作"多声性"（heteroglossia），即写作由多种不同（hetero）声音和观点（glossia）组成。即使我们不引用具体的作者，我们写成的文字也和其他人的文字有关联。任何单篇的科研写作都是更大范围学术对话的一部分。

小结

我们力证博士写作即研究。我们主张把美学评价、技巧锤炼和特别的研究敏感度结合起来，把写作看作研究活动本身，而不仅仅是"整理成文"。我们认为写作是实践，而不仅仅是技能。科研写作作为文体，仅靠为博士生提供建议和窍门是不够的。科研写作涉及一整套复杂的富含规则和文字特点的社会实践活动，这些我们将在以后的章节里探讨。

那么，我们应该怎样教习这些实践呢？我们怎样区分科研写作的不同类型？这些问题是随后章节的基础。我们将在下一章介绍本书概念体系的其他概念：文字工作（textwork）和身份认同（identity work），以及修正菲尔克劳（Fairclough，1989，1992）的把科研写作看作话语实践的模型。

第二章
文字工作与身份认同

　　凯瑟琳是一个博士生,她即将宣讲她的第四篇会议论文。她是半职学生,有二十年的工作经验,其中做过五年的高级经理。尽管在工作上已是专家,也参加过很多会议,但一旦想到面对学术听众做报告,凯瑟琳却诚惶诚恐。她是四年级博士生,已经在研究生学术会议上作过报告,并刚完成田野工作。可是她对"真正学者"的负面意见感到无所适从,就像要把自己裸露在别人面前一样孤立无助。她害怕唯唯诺诺或被指责。在快开始报告几分钟的时候,她对导师詹妮特说,真希望一个人都不来。但事与愿违,报告的题目吸引了熙熙攘攘的一大群人。

　　凯瑟琳带着不安的心情顺利完成了报告。投影仪没有出错,凯瑟琳在演示幻灯片时也没有表现出紧张,最后按时结束。提问开始了。第一个问题很容易,凯瑟琳游刃有余。然后一个男听众站起来,很显然要长篇大论地讲演,而不是提出问题。詹妮特想帮忙,但当凯瑟琳开口回应男听众长达五分钟的讲演,竟然开始放松了。凯瑟琳巧妙地避开了质疑,做出了坚定的回答,之后又陆续回答了更多的提问。

　　报告结束以后,詹妮特向她表示祝贺。

　　詹妮特：太棒了! 你做得很好。在会议上发言感觉怎么样?

　　凯瑟琳：很吓人。一想到可能什么地方做得不够或无趣就感到很害怕,是那种暴露在众人面前的恐惧。可是一旦目光在你身上,你必须表现自己、必须低人一等,怎么办? 比起写论文,作报告可以通过谈论和辩护理清很多东西。别人提问的时候,你被逼着辩解,这让你觉得自己是权威,但一个人坐在电脑前面的时候,你可能只是猜测和怀疑这种权威。

詹妮特：那个棘手的问题你处理得不错。

凯瑟琳：报告之前我得到的反馈就像"哦，你的研究很有意思""到时候让别人看看了"。但这个人是说："你对这个领域文献的理解跟我读到的不太一样。"一开始我想，糟了，（屏住呼吸），怎么办？但后来我对自己很自信，我可以辩护，他的理解是误读和片面解读。我当时还没想到这些，不过他是从政治立场出发，因为他在政府工作，必须在文献综述里说该说的。我说出自己的解读以后，有点觉得："啊哈，行了。我真的懂得一些东西；我知道自己知道这一点非常重要。"所以这件事让我不再害怕类似动摇我研究者地位的事情。当时我想，我并没有欠缺。在公众面前回答问题和辩解其实很好，对我很有帮助。

这是一段半真实的对话。里面的话是"真的"博士生的话语，而编出的凯瑟琳的经历也真实地发生着。以这段对话作为开头是因为里面包含了很多有趣的问题：为什么一个经验丰富、精明能干、习惯写作和公开发言的职业人士却如此害怕在学术听众面前以一个博士生的身份发言？凯瑟琳为什么会判若两人？为什么一个棘手的问题似乎让凯瑟琳更加自信？

本章从这一特殊事件和作会议报告出发，引出两个本书持续关注的理论基础。第一个是文字工作/身份工作（textwork/identitywork），这是研究导生教学法的切入角度。第二个是把写作看作社会实践的模式。在这种模式下导师整合文化、机构和学科的规则、管理和风俗，支持学生写出合格的文字。

文字工作/身份工作（**Textwork/identitywork**）

身份认同是社会科学领域被滥用最多的概念之一。使用这个概念常常会陷入所指万物与所指无物同时发生的两难境地。所以有必要先谈谈为什么使用这个概念和如何使用这个概念以及我们依据的特定传统。

身份认同是一个让博士生们很快产生共鸣的概念。他们感到自身正处在变化过程中。博士生在学习如何成为名副其实的研究者；变成某某博士以后别人也将对他们区别对待。博士头衔经常是崇拜的对象，因为它代表着地位和专长。博士生喜欢讨论身份变化，经常使用"旅程"来形容自己读博开始时的情况和身份以及读博结束时情况和身份的变化。

读博过程中涉及的身份认同过程是怎样的？

写作与身份认同的关系不易被发现。文字是有形的。学位论文和会议论文都有物质性：长度、页边距、页面风格、题目。这就是文字。可是写作文字的过程——写草稿、构思、字斟句酌——也有物质化的效果，就是创造出一个完成作品时和开始写作时不同的学者。这个人也许知识稍加丰富和更加自信，抑或仍然怀疑作品的价值，或者更勇敢更愿意去尝试。

写作文字和写作自我同时进行是艰苦的劳动。作家常遭遇文字层面的写作困难就是因为他们同时在平衡文字工作和身份工作。这并不是因为作家能力有限或不够机敏。但是在高校的情境里，很少有人谈论这些困难——因为写作的人感到羞愧，也因为他们没听到别人谈论过这些话题。现在这些话题出现在很多博士生写的有关"骗子综合征"(the imposter syndrome)的博客里，即感觉自己不配被视作研究者。

对于博士研究生来说，具有挑战性的不仅是做一个研究然后写一篇文章，而是要完成从"学生"(从本科读到博士)向"专业人员"(有些人是在职业中途开始读博)身份的转变。他们需要变成"学者""学术人"(academic)或者"准学术人"(pro academic)。

向"学者/学术人"的转变涉及获得知识和能力，即获得专家和权威的地位。博士研究生经常在还没准备好的情况下被迫接受这个新角色。因此转变让人焦虑。我能成为那样的人吗？我能做到吗？我会不会觉得自己名不符实、弄虚作假？

但是承担学者身份并不仅仅是感觉问题，也涉及学术圈当中和之外的别人的看法。这点上有时会困难重重。博士生通常会经历私人关系紧张和由于读博引发的种种矛盾。博士生可能对于课题进展焦急万分、感到读完学位遥遥无期、与人相处容易冲动。在学术生活上越投入，在思维方式和自身定位上的变化就越大。进入学术圈的兴奋会被学术水平必须接受检验这一现实而冲淡——被检验的是毕业论文。

德·塞尔托(De Certeau, 1988)把学术圈称为"铅字经济"(scriptural economy)，意思是说高等教育是被文字包装和定义的。学者就好像信教那样信奉写作的重要性。

文字是学术圈用来成名、成家和谋生的货币。对于学术人的评价完全基于他们创作的文字——讲座、期刊论文和书。创作文字是一项高风险活动，这项活动始于毕业论文，不管是以传统专著还是期刊论文合集的形式。是写作创造了文字和人,同时重塑了高等教育制度。

博士生是作为学者在写作,通过写作进入高等教育领域。对于文字的选择表明他们想成为什么样的学者。引用谁、使用怎样的风格和语气、选什么课题、采用怎样的研究方法、属于什么研究传统和阵营——这一切都能表明博士研究生的学术志趣。

写作不是个人消遣。博士生的文字有读者,他们同时评判文字的质量和学术水平。这个读者首先是作为代评阅人的导师,到最后是匿名或无法提前预知的真正的评阅人。评阅人会评判和批评论文。对于毕业论文的评判是博士生进入真正学术圈的前奏——评判可以是支持肯定的,也可以是否定和严苛的。

这就是我们说的文字工作/身份工作。

有关身份认同的理论不计其数,这些理论都可以解释博士生转变的某些方面。本书借用温格(Wenger, 1998)有关实践共同体(community of practice)的概念,因为这个概念强调身份认同是共同体、对话与合作共同作用的结果。博士生的学习经历可以看作是研究者进入实践共同体的过程。

温格(1998)指出一个实践共同体包含三方面相互关联的活动:

(1)通过参与产生的相互投入。在一个实践共同体中,成员建立或遵守共同的准则。他们会建立合作关系和纽带,或松或紧地把共同体连接在一起。

(2)通过互动生产和再生产的共同事业。共同体成员通过与其他成员共同生活和互动发展而达成坚定的共识。

(3)共同的实践活动集成。对共有材料和象征性资源的使用建构起一个实践活动集成,以此来延伸共同事业。

因此,是否成为一个实践共同体的成员由是否具有必要的专长和在共同活动中是否积极参与来决定。有些实践共同体积极看守边界,而另一些则乐于使之模糊和延伸。

根据温格的理论,实践共同体有助于形成特殊的身份认同。当个体成员投入在共同活动中、坚信群组理念、使用共同集成并对此做出贡献时,这些成员也就生产(或再生产)实践共同体身份认同。实践共同体中形成的身份并非一成不变,而是通过群体共同的努力和活动并在这些努力和活动中不断形成和变化。实践共同体产生讲述自身的故事(参见 Weick, 1995):"这个共同体所做的是……要成为本共同体的成员你必须……如果你这么做,那么你不算共同体的成员……"因此,实践共同体讲述的有关自己是谁和代表谁的故事总是有关实践共同体自身,反之亦然。由于人们可以属于多个实践共同体,在任何一个实践共同体形成的身份认同并非是个人唯一的身份认同,因此人们拥有可以变化转换、合并融合的多重身份。

我们可以把本章开头凯瑟琳参加学术会议的经历看作是她参与学术共同体的一次活动。下面我们阐释五种有关文字工作/身份工作的说法,并用凯瑟琳和詹妮特的经历来说明。

身份认同受到在实践共同体中参与活动的影响。学术实践共同体把博士生分成学生、新手和学徒。共同体认为博士生是学习者,尤其是对于参透博士学习的导师而言。凯瑟琳感到自己不如学术会议上的听众,期望他们的行为能够表明自己在学术圈属于"后辈"。这也是她感到脆弱和焦虑的主要根源。她害怕听众看出她装出来的行家身份、暴露她自认为和被认为的"学习者"身份。很多博士生,尤其是那些已经是所在领域专家的职业人士,对于"不知晓"的情况感到愤慨或担忧。

身份认同是多重的,不是单一的。因具体情境、经历和生活轨迹不同,我们会有多重身份。但多个身份不一定和谐一致。凯瑟琳在另外一个实践共同体中是称职的专业人士,但博士生的身份和专业人士的身份并不和谐。多重身份与多重人格不同,前者可能重合。对于在学术会议上遇到的挑战,凯瑟琳用她在职业实践共同体中的身份和处理方式来支撑新的学者身份。在具体情况中,她拒绝使用对抗,而是不卑不亢地应对一个挑衅性的评价。

身份认同不会一成不变,总在不断形成中。霍尔(Hall, 1996)把这个称为身份鉴别。博士生身份不是固定和静止的实体,它总是在实践共同体中不断形成。博士生不会一夜之间从学生成为成熟的学者。在博士学习的很长时间里,成为一个被人认可的学者似乎让人觉得战战兢兢、遥不可及。角色转换不是一蹴而就,而是通过很多年博士学习的积累。凯瑟琳和詹妮特的谈话很精准地表现了这种转变——从一个不太自信的学者成为讲话带着些许权威的研究者。

身份认同通过活动和互动不间断地形成和再形成。在学术会议上作报告是学术实践共同体的一项重要活动。学术大咖所作的精彩报告生动有趣、长度适中,他们对于挑战性问题侃侃而谈。第一步是写论文。凯瑟琳在写学术会议论文时是作为一名研究者。当她坐在电脑前打字的时候,她无法凭借想象来获知怎样作为一名学者来作报告,这必须有真材实料作为后盾。在会上,她必须表现为学者:熟知所在领域并博览文献、讲话充满自信、对所持观点有理有据、对不同意见洗耳恭听。一开始这或许更像是表演,但之后会变得很"真实"。凯瑟琳通过扮演学者而成为像学者的那个人。

身份认同依实践共同体不同而有不同的模式。实践共同体提供共同体成员理解和讲述自身行为的准则和框架。在凯瑟琳提及"阅读和误读、领域、文献综述、说明论点"时,她其实在向所在的学术共同体表明自己的成员身份。当她提及政府角度和自己角度的巨大差异时,她其实在呈现社会科学里公认的中立批判,这是成熟的社会科学家的标志之一。

本书有关文字工作和身份认同的观点对于博士生指导有很多启示,请看下一节。

指导博士生是文字工作/身份工作

詹妮特和凯瑟琳交谈、要她写几千字的文稿、支持她去学术会议上作报告,或尽其他导师应尽之责,这些都既是文字工作也是身份认同工作。如前所述,文字工作和身份认同工作是通过对话、写作和经历实现的。参照伊丽莎白·埃尔斯沃思(Elizabeth Ellsworth,2005)的思想,我们把这些视为教学法。

正如我们在前言部分的解释,教学法包括日常的正式和非正式的教育实践。具体包括在教育工作中使用和发展教育理论、制定政策并培养教育者。教学法是一个关系概念,指的是教育者和学生之间发生的关系。在前例中,詹妮特是教育者。如前所述,詹妮特使用的指导教学法是一个社会实践,这个社会实践发生在一个有着丰富历史、阶层、传统、终极目标和文字记载的实践共同体中。

刚才提到,凯瑟琳的学者身份在执行学术报告(写论文、口头陈述、回答问题)的时候有所转变。埃尔斯沃思(2005)在一篇有关博物馆、艺术设施和网站的大众教育文章中提到了这种转变,她称之为"关键时刻"。她说:

到底是什么在学习体验中途、学习即时、即将获得知识之前和认知、感官、动作相互的交织里来感知自我?

(Ellsworth,2005:135)

我们并未亲历凯瑟琳的"关键时刻",但却有她对于关键时刻的反思。她知道有些东西已经改变了。

埃尔斯沃思认为学习是从认知的自我到认知更深的自我之间的印记(smudge)。因此学习型自我(learning self)是与知识存在着动态关系的变化的自我。埃尔斯沃思的这一观点质疑我们认为的知识只是最终产品的观点,而认为知识在不断形成中。

学习者的学习经历不但是个体通过学习过程要成为何人的经历,同时也是在成为某人过程中应该学习什么的经历。

(Ellsworth,2005:149)

埃尔斯沃思参照了英国心理学家唐纳德·温尼克(Donald Winnicott,1989)的观点,把这种知识和身份认同结合的教学法描述成"过渡空间"(transitional spaces)。她认为教学法主要在于设计。教学者精心设计经历、任务、事件和对话来创造让学生"印记"自我的机会,从而在增长知识的同时发展自我。

其实这与杜威(Dewey,1897,1916,1934,1938)的观点如出一辙。杜威曾慷慨激昂地反对把教学看作教条灌输、知识转移和封闭的过程。杜威主张的教学并非把重点放在教导上,而是放在把经验结构化,并激发学生挑战、质疑、发展兴趣和扩大知识面上。对于杜威来说,教师的任务是创造让学生转变、学习和实践的机会和可能性。

埃尔斯沃思坚持认为教学的终极目标不是封闭的,而是开放的,这样才能让学生自由选择成为什么样的人。她认为这样的教学设计"令教师和学生与未来形成开放的关系并且……教与学总是在形成过程中,无法保证实现也从未实现(2005:36)"。对教师来说,这意味着"探索和尝试着保持差异、动作和感知觉之间的转换——这样的最终结果——也是开放和不确定的(2005:175)"。

埃尔斯沃思的观点对于我们指导研究生很有帮助。她提出的"不断移动的主体"向着从未完整和从未完成的认知而进行漫长旅行的观点(详见 Ellsworth 2005,第 6 章)让我们深受启发,由此我们把指导博士生的教学法比作文字工作和身份工作。这个比方把博士生指导看作一个空间,在这个空间里,学生和博士生都是处于过渡阶段的学习型自我。这个社会性的相对的空间是动态学习印记发生的空间,在这里一个认知-自我变成另一个认知-自我。在文字工作和身份工作中,写作既是自动也是互动。围绕文字与导师进行的交流开辟了又一个可能使得自我/认知发生的时刻。这种情况下,写作即对写什么和知道什么做出选择;文字变成连接认知和认知主体的媒介。

　　下面我们用第二个理论来进一步解释凯瑟琳的参会经历,建立学术写作即话语社会实践的模型。我们首先用理论框架把博士论文、导生关系、高校和更广义的政策文件理论化。

写作是社会、话语实践

　　写作总是发生在社会情境之中。也就是说,作者总是写给某些人。写什么受到一整套规则、期望和习惯的影响。什么能说、怎么去说取决和受制于——可能屈从于——常常是暗指的和认为理所当然的意思。

　　规则和习惯并不一定是主观臆断和令人不悦的。学术规则和习惯已经在特定的学术共同体中历经长期演化,这个共同体有具体的思考、讲话、交谈和写作的方式。学术共同体可能是学科性质的。例如心理学家提出问题、确定范畴、命名和构建的方式建立在几百年学术活动所建立的一套传统和知识库基础之上。

　　这种思考、写作、行动和存在活动存在巨大的学科差异(Deane and O'Neill,2011)。社会学的实践共同体与哲学和经济学都不同。学科之间和学科内部还有运作类似的亚群。例如在语言学这一学科就有很多亚群:语料库语言学、转换语法、系统功能语言学等等,每一个都有一套核心思想、研究对象、术语、分析工具和路径。

　　学科内部的规则和习惯不但把实践共同体的成员聚成一体,也界定了哪些人不属于共同体。被外人看作"学术术语"的东西实际上是内部成员专业的"内部"语言,这些语言对于共同体内部成员有具体的含义。这并不是说与共同体以外的人交流的时候可以模棱两可地讲话和写作,而是说,我们可以把这些"内部"的理解和语言看作是共同体运作所必需的(Culler and Lamb,2003);这些理解和语言不是故弄玄虚或故作高深。我们也基本同意麦克尔·比利希(Michael Billig,2013)提出的这种语言的另外一个目的,即建立学术地位和实现自我提升。

　　博士学习的部分任务是融入学科实践共同体,去学习实践共同体能够接受的思考、谈话和写作方式。博士生感到自身欠缺或者对社区的文字和习惯有抵触情绪是很常见的。比如,他们第一次接触社会学理论会感到无所适从:这些特定的术语到底是什么意思?但是,随着对文献的不断阅读和吸收,他们对于这些术语及其用法会变得轻车熟路。博士生们第一次讲出特定的专业词汇会印象深刻。他们感到生气、脆弱、尴尬,有时还感到不真实。坚持使用这些术语会使他们成为特定学术共同体的成员,标志就是他们有能力以"内部人"的身份来谈论和写作。布迪厄(Bourdieu,1990)用"如鱼得水"(fish in water)来描述这种变化。当学科特有的思考、写作、行事和身份认同方式变得越来越"自然",这些专业术语就消失不见了。

博士生一般会认同各自的话语共同体的广阔边界,他们可以入乡随俗,但却不一定能真正视自己为专家和权威。

理解博士生写作的三层框架

把博士写作看作社会实践的框架源自批评话语分析(critical discourse analysis)和新文化研究(new literacy studies)。其中,诺曼·菲尔克劳(1992)的三维话语模型能帮助解决和满足博士生和导师有关写作上的矛盾和需求。虽然菲尔克劳的模型主要是作为批判性分析口头语和书面语的研究工具来使用(Janks,2002)(即用来研究已经完成的文字),但这个模型在研究高等教育中"非传统"学生的学术写作实践上也有广泛的应用(Clark and Ivanic,1997;Lillis,2001)。与克拉克、伊万尼克和利利斯一样,我们也相信,任何有关学术写作教学的讨论都离不开社会实践的角度,只是我们聚焦在博士写作这一终端。

菲尔克劳把我们对口头语和书面的使用称为话语(discourse)。把语言的使用叫做话语表明使用语言是一种行为,一种社会的而非个人的行为。还有,作为社会行为的语言无法从社会生活和社会关系的其他方面割裂出来。语言在社会情景中被创造和再创造。

菲尔克劳(1989,1992)提出了社会和文化情境中语言应用的三元交互结构:文字、话语实践和社会实践(见图2.1)。图中的各个层次之间互相依存,表示所有文字无法从产生的情境中割裂出来。这个模型用强大的视觉提示来表现更广阔的社会情境对写作的影响,同时也表现出写作本身就是一种植根于机构和社会结构中的社会互动。

我们的解释是,最中心的一层是作者或讲述人实际口述或写作的文字。最外面一层是广泛的文化情境,包括实践共同体及其具体的实践、历史、传统和期望。中间(即文字和实践共同体之间)的一层是中介的实践,在这一层,内部成员

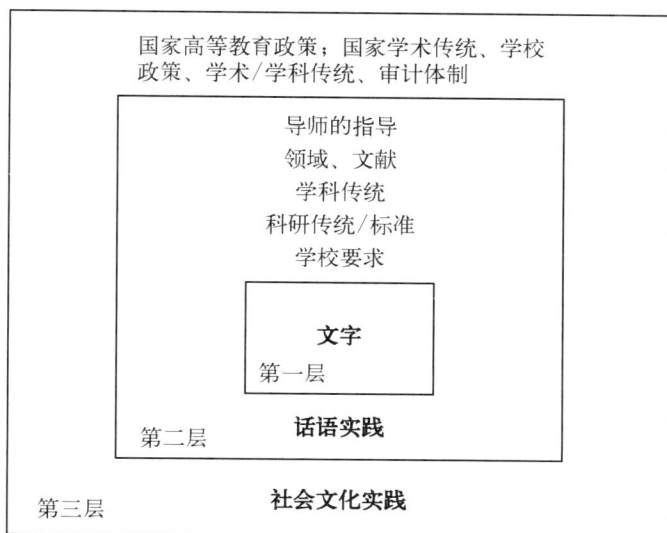

国家高等教育政策；国家学术传统、学校
政策、学术/学科传统、审计体制

导师的指导
领域、文献
学科传统
科研传统/标准
学校要求

文字

第一层

第二层　　　　　　　　**话语实践**

第三层　　　　　　　**社会文化实践**

图 2.1　菲尔克劳的话语模型
（出处：Fairclough，1992；Janks，2002:27；Clark and Ivanic，1997：11）

判断和评估文字，也塑造和促进文字的产生。

图 2.1 展现了启发式教学如何应用于博士生论文写作。中间是博士毕业论文。外层是学科传统、大学政策、高教政策、地域和国家传统，以及全球性举措，例如《博洛尼亚协议》。写论文的博士研究生有必要弄懂大情境，可惜支持他们的只是处于中间的导师或论文指导委员会。导师通过评价、交谈和推荐资料对论文施加影响并跟进文本的变化。这样一来，导师成为特定的学科实践共同体及其准则的化身。博士生越来越多地得到研究生课程、讲座和工作坊教师的支持和约束。最重要的是，论文评阅人在这一层主要起着规范的作用。他们决定何种论文可以被接受或无法接受。评阅人之所以被选中的原因主要是他们在话语共同体中相对的位置，以及代表共同体做决断的能力。

著名社会学家霍华德·贝克尔（Howard Becker）写过很多有关社会科学写作的著作。他用睿智的例子来说明博士生在写作毕业论文时应如何考虑第二层和第三层的因素：

理解写作的一种方法是看写作的情境。我们写自己所写的东西——现成的例子是博士论文——把它放置在学术机构的情境中。在此情境中，解决写作问题的方法不仅是把观点和证据都清楚有条理地整合起来，还需要满足学术机构对于论文的要求。

作者,或写毕业论文的学生,首先必须要满足第一读者的要求,就是那些决定"可以"和"不可以"、通过和不通过、重做和重交,或者对于一些幸运儿说"太棒了!赶快发表,继续努力"的人。这类读者——或大部分理性的正常人——也会考虑除了质量以外的东西。比如他们会考虑系里的政治氛围("质疑这个备受推崇的理论会让某些元老受伤");或者更常见的是学科的政治氛围("你写的没问题,可是如果你的立场不受欢迎或写作风格太过创新很容易在发表时困难重重")。因此这些人的建议主要是内容和风格上的改变,单纯从学术传统的角度出发,与逻辑和学术品位无关。

贝克尔明确指出第二层应考虑的因素:评判论文的评阅人。他也把对于第三层需要考虑的东西明朗化,即在实践共同体中的其他人如何把论文联系到某个领域以及评阅人各自的研究。有时第二层会被当成走过场而被忽略,第三层仅被当作是无聊和不必要的权力之争。这也有几分道理,但更重要的是这些层次可以同时促进与破坏、赋予与约束,而这些局限性有时可以催生研究成果。作品和作者都受到特定框架的塑造。正如贝克尔所言,惯例和局限有可能置之不理,但要准备好承担后果才行。对于博士毕业论文来说,后果就是评阅人认定论文不通过、论文学术价值和作者本人水平欠佳。

如果把这个三层框架应用到凯瑟琳参加学术会议的经历,我们可以得到三种维度:

(1) 最具体的一层是口头或书面的文本(第一层),这里是凯瑟琳的会议论文。

(2) 中间一层涉及文字生成和诠释的话语实践(第二层),即会议论文的文字是根据特定的传统和詹妮特的建议而形成和呈现的;它被讲述给特定的会议听众并被他们诠释,包括那位"质疑人"。

(3) 最抽象的一层是社会实践(第三层),即会议论文。凯瑟琳如何写作和呈现论文受到某种特定的学术群众的影响,这些人以特定的方式存在并以特定的方式开展学术;这些方式是凯瑟琳所在的领域长期发展的结果。而且,每位在场的人都在特定的高等教育政策体制下工作,因此会议宣讲被认为是为了审计。

对于詹妮特,或任何辅导毕业论文写作的博士生导师来说,最关心的莫过于文字(第一层)。这是放在双方桌面上看得见摸得着的东西,也是很多高校网站和牢骚满腹的博士生导师关注的焦点。但是前面的框架表明,辅导博士论文写作并非修改文字这么简单,文字不能与其产生的情境分割开来。文字工作/身份工作很复杂。菲尔克劳的启发式图表展示了辅导博士生写作为何需要建立文本模型和斟酌文字。文字技巧包括关注特定的语言的选择(排列组合、先后次序和格式)和关注一般化及话语性质的习俗、要求和写作风格。

但是图 2.1 表达得再明白不过的却是,博士生导师通过生成文字和诠释文字充当文字(第一层)和社会实践(第三层)的调解员。

在话语实践中博士生导师是主要参与者。他/她是主要的读者和论文写作过程中的反馈者,是博士生想要进入的学术共同体的代表。可以说导师是实践共同体中话语和实践的化身。当然,导师和学生之间也存在私人关系,就像詹妮特和凯瑟琳那样。

作为中间人,博士生导师承担着:

- 完成博士学习的要求,给出时间节点和目标;
- 必要的审计工作,生成多篇师生会议的记录;
- 院校的要求,例如生成年度报告、报告会和开题报告委员会的文字;
- 参与研究生研讨会;
- 参与培训课程。

博士研究生所处的更广阔的社会情境(第三层)不如第一层和第二层那么显而易见。大部分导师对这一层的关键点有所了解:特定机构和学科的政治——隐藏的游戏规则。这些规则包括等级制度、大人物以及左右博士论文地位的不同意见。

近期出版的一些书籍(例如 Leonard,2001;Thomson and Walker,2010)把第三层的博士教育作为社会实践进一步明朗化,这对于低年级博士生大有裨益。

我们认为,这两个理论框架——文字工作/身份工作和写作是社会实践——可以将指导博士生理论化,推进有关博士论文写作的讨论。为了说明如何使用这些框架,我们重新回到学术会议作为促进博士论文写作的机会并塑造博士生的学术身份这个观点上。

学术实践共同体中的文字工作/身份工作

在某种程度上,进入学术实践共同体是通过写作和宣讲会议论文实现的。

大部分专业领域的学术会议吸纳学生会员并且热情地招募年轻学者加入。很多导师鼓励学生参会并宣讲自己正在完成的毕业论文,高校还为学生的参与提供资助。这是因为学术会议能为文字工作/身份工作提供重要的学习经验。

从菲尔克劳的三层框架可以看出,一个学术会议的形式和习俗受到这个领域更广阔的学术和学科话语的影响,而这些影响对于参会人员的身份认同产生冲击。对于功成名就的参与者而言,参会可能只是呈现、肯定和加固他们已有的名望和人脉。而对于"新人"来说,参会是冒险的行为,比如为时过早地在公众面前展现学术身份。不过,参会也是建立人脉的好机会,可以认识那些慕名已久的大咖——他们很可能是论文的评阅人或未来的雇主——也可以获得身为共同体成员的归属感。

现在我们重温图 2.1 的三个层次,看看有关文字、身份认同和教习写作的概念如何融为一体,为指导博士生论文写作的实践提供参考。

写作会议论文的文字:第一层

在会议论文的写作上,不同学科会遵循不同的习惯。有些要求在会议开始之前提交完整的论文。在同行评审作为衡量学术表现的国家中,这正成为各学科的惯例。但是有些学科只要求提交摘要,由宣讲人决定是否在会后改进论文使之发表在期刊上。不管怎样,博士生参加学术会议都免不了要学习如何写摘要,以及如何掌握各自学科/会议的文体习惯。不能默认学生已经掌握了如何写摘要。当然,在这里导师的作用格外重要,他可以把辅导学生写摘要(详见第七章)作为促进文字工作/身份工作的好机会。

博士生需要与导师沟通来决定何种形式的写作对于学科和会议比较得体。在开展写作工作坊时,我们常会遇到无数新手提出的有关文字的问题。宣讲时应该跟着幻灯片的笔记来宣讲吗?多少张幻灯片比较合适?可以拿写好的东西去念吗?这篇东西可以和提交的论文不一致吗?为了不超过宣讲的时间限制,需要写个简写版论文吗?

在第一层,导师必须考虑的问题就是如何利用会议论文来推进毕业论文。詹妮特在凯瑟琳去参会的前几个月给出了很多建议。凯瑟琳已经完成了为学术报告会准备的文献综述,但这部分工作需要根据新的研究设计进行更新。她已经转录了一部分访谈,即将开始资料分析。会议论文可以帮助她用少量资料演练如何进行论文的分析工作,如何做决定。凯瑟琳利用两个学术会议做到了这些。凯瑟琳认为,为特定的学术会议听众重新组织毕业论文研究使她受益匪浅:

> 凯瑟琳:我在想,会议论文要求你把研究拆分开来,再以新的方式重新组合,这样你会有一种距离感。相比于毕业论文,在会议论文中你可以讲述一个完整但更简洁的故事。可能是"论文"这个词让你在这二者之间建立联系。你可以把不同的东西拎出来,尝试各种想法,以完全不同于作毕业论文的方式重新组合这些东西,并连贯地呈现给听众。这种重组和决定哪些重要哪些不重要的能力是很有用的理论工具。

和詹妮特一样,我们主张博士生利用写作会议论文的机会来提升和改进毕业论文。在第一层产生的文字能实现多重目的,能帮助博士生提前演练对于毕业论文的理解,也是试验和摒弃一些东西的好机会。因此会议论文对于毕业论文的终稿有正向帮助。

但是会议论文不仅是有关文字的工作,也是有关身份认同的工作。

宣讲会议论文:第二层

因为花了大量的时间和精力在写作文字上(第一层),博士研究生往往会忽略把研究呈现给大众的工作(第二层)。有些人多次通读论文,甚至用计时器计算朗读的时间。但他们忽略的是,宣读论文不仅是对知识内容的呈现,也是对个人身份的呈现。在会议上被宣读和解读的除了"论文"还有写这篇论文的"学者"。

大部分指南书都会告诉学生要润色文字。我们觉得把润色的过程看成是表演会很有帮助。表演会把学生的注意力集中在已知的东西上:充分排练、注意台风、服装和时间以及吸引人的开始和结尾。没有什么比听一段无趣而冗长的会议报告更加度日如年了。宣讲人用毫无起伏的平缓语调长时间朗读晦涩难懂的文字简直是噩梦(参见第六章有关口语与书面语区别的讨论)。更糟糕的情况是宣讲人超时、侵占下一位宣讲人的时间,最后只得挥舞着论文说:"大家可以稍后去读。"事实上没人想去读。

表演的概念意味着提前规划很重要。个人和团体都需要排练的机会。很多高校都有院系组织的小型的研究生论坛,为参会的研究生提供"大会"之前演练的"安全空间"。研究生可以通过这些活动得到反馈,从而改进宣讲质量。如果缺乏类似的院系层面的机会,博士生导师可以组织非正式的集会来帮助学生排练,学生可以互相提供反馈。导师可以指导学生描述主要观点,提出幻灯片主要表达的3-5个关键点。学会高度概括不是一朝一夕的事,辨识哪些资料更适合宣讲并不容易。

发展人脉:第三层

如果博士生注意到学术会议的社会实践的维度(第三层),就会明白参会不仅是写好论文、宣讲和聆听别人的宣讲。博登等(Boden et al.,2004)对建立学术人脉的权术策略和新晋研究者如何打开局面进行了深入的探讨。他们指出,学术会议是认识人、交流思想和寻找学术/科研合作伙伴的宝贵机会。学术会议能让人亲自接触某个领域关注的焦点和思想;知道"别人现在在考虑什么问题而不是他们过去发表的论文里说了什么"(2004:43),并能从不同的角度了解其他人研究和做事的方式。在学术会议上也可以通过提问和参与讨论别人的论文提高自己的曝光度,也可以与出版商和期刊编辑面对面。

我们毫不否认,这些活动对于改变所在学术领域的权力关系有着重要意义。可是,必须认识到,对于很可能是第一次在公众面前表现自己学术身份的博士生研究者来说,如此利用学术会议会手忙脚乱。这里,我们再次把导师当作缓冲(第二层),他们可以创建安全空间,并铺平建立人脉的道路。有些导师通过与学生合作宣讲来增加学生论文被大型会议接受的机会,并能引来听众(导师的知名度引来其他人)。合作宣讲是导师对于学生知识领域的辅助,能更直接地为学生示范如何做好宣讲和与听众互动。

导师也可以提前对学生可能在会议中被问到的问题进行分类,从而帮助学生提前准备。学生会碰到至少三类难于对付的提问者:① 他们想谈的其实与宣讲的论文风马牛不相及;② 通过贬低宣讲者来显示自己很聪明;③ 没听懂。

博士生需要通过练习来辨别问题的"类别",然后作出反应。例如,对于建议重写的那些人,仅对他们表示感谢就好。当然,对于肆意挑衅的不同意见需要给出平静而简洁的回击。凯瑟琳就是通过这样做来挽回自己的学术权威。不过,第三种问题需要认真地重新解释自己的观点。实际上,那些没听明白的人反而对改进毕业论文有帮助,因为可能是论文哪里写得不够清楚或张冠李戴。

小结

通过把文字工作/身份工作和菲尔克劳的三层话语联系起来，我们把学术会议看成是辅导博士生写作的极佳场合。这些框架把实践共同体的话语实践如何影响博士生并被博士生影响具体化。这些框架突出了在学术身份形成过程中交织的脆弱、焦虑和欣喜，不管是在学术会议现场，还是在后面章节中提到的文献写作、整合论文观点以及作者被了解和被评判的章节写作过程中。

第三章
把章鱼放入罐中

当一些博士生处于一种绝望和愤世嫉俗的心境下的时候，他们会说文献综述就是向评阅人展示自己已经阅读、总结和批注过的很多书和文章。但是文献综述不是这样的。博士研究中的文献综述有明确的目的。

在文献综述工作中需要完成的关键任务是：

- 概述此项研究的领域或与此项研究调查相关的领域的本质，显示出他们的历史发展过程
- 确认与此项研究相关的讨论议题，界定有争议的术语
- 确定与此项研究最相关的前期研究、观点和方法
- 确定领域的空白点
- 建立研究的依据
- 指出此项研究将做出的贡献

在陈述文献的作用时，我们不想说任何领域的研究维度、相关讨论话题、术语都有一个统一的规范或界定，因为对于文献的解读没有唯一正确的方式。就像比德尔和洛克（Biddle and Locke，1997：29）所说，正是部分文献具有的易变性和模糊性的特征使得整体文献能够被解释得很准确，并且能依据不同角度进行归类。博士生们的任务是去对此项研究领域进行仔细的探究和说明并构建他们自己对该领域的看法。不过，关于某一研究领域知识边界的争论和发展问题也可能仍存有争议。当然，导师会在他们提供给学生的前期阅读中将这些问题说清楚。越来越多的书是总结某些领域的主要学者、主题、研究方向和主要争议的，比如"……入门"，"……的阅读者"，"……的指南"。

在回顾论文的文献综述时，布特和贝利（Boote and Beile，2005）对当前学

生文献综述质量较差和对这方面博士生教学的缺失表示遗憾,他们认为一个完整充实的文献综述"是进行充实、完整和细致的研究的基础(Boote and Beile,2005:3)"。

我们在澳大利亚和英国指导博士生的经历表明,博士生们知道文献综述的重要性,但是却对文献综述工作产生过分焦虑和期待。这种焦虑有很多种原因。复杂的写作技巧会让文献综述的写作变得让人难受而不是享受。此外,博士生缺乏对文献工作当中的密集的身份认同的认识。可以说文献综述是反映身份认同的最精髓的部分,在这个环节研究新手进入了我们称之为被占据的领域(occupied territory)——他们被重重危险包围而不敢出声——那里有潜藏的伏兵、带刺的篱笆和游走在已经拥挤不堪的地域边界之外的想进来的不知名学者。

博士生和这个领域(该领域形成了他们的研究)以及他们的占有者(更加有经验的学者)有所联系。然而,我们期望博士生们要有勇气去了解占有者的作品,有些占有者很有可能是他们论文的评阅人。新手研究者不仅是陌生领域的外来者,他们也不知道参与的规则、争端、矛盾、联盟和和解的来龙去脉,这些毕竟都发生在他们加入之前。胆怯和假装是不行的! 需要勇敢做决定。从哪里开始? 哪个领域? 哪些错误需要避免? 如何变得具有批判性? 谁将会被批判? 如何避免陷入困境? 如何处理陌生领域的复杂的权力关系? 在处理这些关系时应该考虑谁和不考虑谁? 谁将参与? 谁将被忽略,忽略会有什么后果?

占有领域的比喻可能比较夸张,甚至有些言过其实,不过这种说法至少说明文献综述不如很多人想象的那样是一项相对直接和耗时的任务。这个比喻也更加贴近很多博士生在"回顾"文献时的情感经历和感受到的密集的身份认同工作。

本章主要阐述命名和界定文献"回顾"的过程。我们想要动摇众所周知的有关文献工作的观点,基于此来挑战过于理性和过于明智的有关文献的建议。不过,我们先以学生的文献综述为例来呈现他们面对的困难和导师必须处理的问题。

文献综述——问题在哪里?

接下来的两段摘自于两个博士生的文献综述草稿。很难从一篇较长的文章中选择出简单的段落,因为"问题"常常会在段落和篇章间出现。因此,我们的指导原则是去选择"精髓部分",这部分可以代表我们和同事遇到的与文本工作/身份认同工作相关的典型问题。

博士生薇拉正在写有关解构及其与结构主义[使用像索绪尔(Saussure),利维·施特劳斯(Levi-Strauss)和拉康(Lacan)的理论]与后结构主义[巴尔泰斯(Barthes)和福柯(Foucault)]关系的论文。下面这段内容摘自于薇拉对拉康和巴尔泰斯研究回顾的中间部分。

习作 3.1　堆砌的文献

> 贝尔西(Belsey, 2002:57)称雅克·拉康从利维·施特劳斯和索绪尔的视角重新解释了弗洛伊德——"去界定一个对象本身就是差异存在的位置"。贝尔西继续解释道,对于拉康来说,人类是"文化的有机体"。拉康认为话语是心理分析的中心。他认为两个月的婴儿已经在与其他人的关系中出现自我意识的萌芽,并可以表现出来。拉康称此为"语言的他异"。贝尔西说,"最大的他异"在我们之前就存在,存在于我们之外并且不属于我们。巴尔泰斯在早期的文章中说,诺里斯(Norris, 1982:8)以索绪尔的语言学和利维·施特劳斯的结构人类学为模板,聚焦于全范围的文字研究。在《符号学的元素》(1967)一书中,巴尔泰斯将结构主义的视角看做是一种提供高层次理解的"母码(mastercode)"。卡勒(Culler, 1976:58)称,在《符号学的元素》中,巴尔泰斯推测出"langue 和 parole""signifier 和 signified"以及"syntagmatic 和 paradigmatic"运用到多样的非语言现象中的方式。卡勒进一步解释道,对于一个研究食物系统文化的符号学家来说,"parole"代表了所有吃的活动,而"langue"则是这些活动背后的规则系统。比如,这将定义什么是可食用的,哪些菜可以结合起来成为一顿饭以及排列菜品的句法结构惯例。

我们认为薇拉的文章被文献"堆砌"了(Becker,1986:146)。她在复杂的理论地形中穿梭行走,但是似乎被细节"淹没"了。她像是一个旁观者一样,堆砌类似于"谁说了什么,冠以什么",以此来强调主要的理论观点。"根据贝尔西(2002:57),雅克·拉康从利维·施特劳斯和索绪尔的视角重新解释了弗洛伊德……巴尔泰斯在早期的文章中说,诺里斯……卡勒称……巴尔泰斯……"文章中根本没有出现薇拉,她没有做出任何评论,在节选中占主导的她在讲述文献开头和结尾处有些令人困惑的总结。读者不知道这些观点是如何影响她的研究或哪些观点更为重要。

这种"隐形学者"现象也可以在接下来的例子里找到。博士生杰拉尔丁在写有关教育成效的文献,但她似乎只关注这个领域内其他研究者的想法,而没有呈现出自己的研究与之相关的联系(见习作 3.2)。

习作 3.2　博士生杰拉尔丁的文献综述

> 莫蒂默(Mortimore，1998)对于教育成效的研究进程有所贡献。他解释道,教育成效的研究者想要探知差别资源、过程和组织差异是否会影响学生表现,如果是,如何影响。他认为教育成效的研究者是要去寻找一个可靠的、合适的方式去衡量教育质量。霍普金斯(Hopkins，2001)认为有关学校影响最早期的文献中的一篇是通过对学生学习成果的考量来比较一些中学的教育成效。雷诺(Reynolds)和科特(Cuttance，1992)也指出,有关有效学校的一项名为"15000个小时"的研究指出影响教育成效的多种因素,包括重视学业的程度、老师在课堂上的行为、资源的可获得性、奖励、给学生的良好的环境以及孩子能够承担责任的程度。必须强调,教育成效研究者们宣称由于学生之前的学习经历和家庭背景不同,因而学校对学生的影响存在很大的不同。哈格里夫(Hargreaves)和霍普金斯(Hopkins，1991)也认可这样的观点,他们认为有证据支持这样的观点,即学校的特征会使得学生们的进步有所不同,因为学校里某些共同的内部条件能够帮助学生获得高水平的学习成果。

我们认为杰拉尔丁文章的特点是"他说,她说"。每一个句子的开头都是说研究者的名字,紧接着是一个相对中性的动词:"莫蒂默也对……有贡献;霍普金斯认为……;雷诺和科特也指出……哈格里夫和霍普金斯也认可……。"在句法上,句与句之间缺乏联系,使得这更像是一个列表、一个观点的总结。作者堆砌了一个接一个的研究,但是没有自己评论的语言。几段之后,杰拉尔丁试图加入一些评论(见习作3.3),但仍然是依据别人已经说过的话。

习作 3.3　杰拉尔丁试图加一些评论

> 谢伦斯等人(Scheerens et al.，2001)宣称很多批评家似乎会误读教育成效的范围和局限性。因此,他们指出教育成效研究是有关工具理性即如何正确地做事,而不是有关实质理性即做正确的事。教育成效研究的目的引起了一些担忧。尽管了解怎样正确地做事很重要,但了解如何做正确的事情更加重要,因为一个错误的决定会毁掉一个组织,并且将会花更大的力气让事情回到正确的轨道上。

显然,在这个领域对于教育成效作为工具理性存在争议,但是杰拉尔丁并没作任何评论。她站在一旁,让其他的研究者(谢伦斯等人)去阐述批判性的观点,但这中间她自己的立场却不明确。"如何正确地做事"和"做正确的事"之间的差异是这个领域中普遍讨论的话题,这是让作者没有任何立场却显得她有批判性的原因。

在杰拉尔丁和薇拉的文章中,文献既没有用来定位她们自己的研究,也没有发展有关领域现状的论点从而为自己的研究做铺垫。这是没有权威而缺乏自信的学者的特征,他们完全被别人的观点压倒了。

我们贯穿本章和下一章的观点就是文献综述有两面:知晓文体、惯例和文本实践;假装是"双手叉腰"的权威人士。在写文献综述的时候,博士生在构建和表现学者的身份和他的学术实践。写作困难的出现是因为要同时均衡文字工作/身份工作。这里最大的挑战是学习带着权威去说话/写作、用"双手叉腰"的立场来批判性地审视和归类文本和研究领域。

为了更好地理解为什么博士生们认为文献综述的工作很难,我们让他们描述对于文献综述的感受。

学生生活和工作的修辞化表述

我们在澳大利亚、南非、挪威、加拿大和英国的研究生中开办了一些关于文献综述方面的工作坊,他们都表现出了对使用"那些"文献来定位和证明自己研究的焦虑。工作坊一开始就把身份认同的问题摆出来,为接下来的文本工作做准备。一个策略是去询问学生:一想到文献综述,你会想到什么? 你脑海里会想到哪些图像或比喻? 这些比喻会写在小卡片上,收起来让大家讨论。我们带着幽默和戏谑来完成这项活动,因为我们想把很多人分享的困难用视觉形象表现出来,并指出这是文体的问题,而并非是个别作者的能力问题。

为了让讨论具有一定的结构性,我们对提到的比喻提出以下几个问题:

- 文献是怎样被体现的?
- 研究者正在做什么?
- 研究者是怎样被体现的?
- 他们的主观能动性如何?

我们使用"体现"(representation)这个词语来强调比喻是一种特殊的使用语言的方式,不是"事实",而是一种看待,理解然后行动的方式。我们可以从小组中使用的比喻中看出博士生对文献综述的多种看法。这些比喻都是有力量的。他们影响着博士生们如何切入文献工作以及认为自己是怎样的写作者。因此,收集和探究这些比喻很有价值,能让导师和学生一起面对和改变学生的困境。

为方便讨论,我们把三个工作坊的比喻放在一起来揭示它们的共性。在这些比喻中,研究生们将自己表述为迷失的、被淹没的和困惑的,而将文献描述成卓越的、强大的和有必要以某种方式征服的。

　　水的图像尤其受欢迎，在这个比喻中文献本身化身成为危险的领地且难以把控：

- 一个混乱的旋涡
- 一片满是鲨鱼的海洋
- 一片有暴风雨的海洋

而研究者并未准备好去面对或无法采取行动：

- 脚上带着混凝土块奋力游泳
- 乘独木舟穿越海洋
- 在海上漂流却没有锚
- 潜入一堆海草中并试图找到出去的路
- 在海的漩涡间摇摆，被冲到不同的方向
- 在红树林沼泽地里跋涉

用拼图/迷宫来比喻文献也很普遍，并有光和黑暗的变体。这里，研究者迷失、跌跌撞撞、找不到出路：

- 走入一个隧道
- 被蒙上眼睛进入一个迷宫
- 在黑暗中行走
- 在迷宫中寻找宝藏
- 在没有望远镜的情况下去搜寻夜空，以寻找发光的星星之间的联系

学生们也用身体的疼痛和不舒服来体现文献工作的过程，比较流行的几种比喻如下：

- 拔牙
- 焦急万分
- 被卡车撞了
- 陷入流沙
- 困在别人的写作死结中绕不出来

虽然这些比喻在工作坊学生中占据主导，说明学生缺乏主观能动性而被文献压倒，但确有一小部分学生提供了搜索文献的良性比喻，比如：

- 开采金矿：提取出有价值的金线

- 捡贝壳
- 深挖地下寻找贵重金属
- 砌一面砖墙,一次放一块砖直到华丽的砖墙完工
- 看万花筒,看到不断变化的图案

这些比喻强调了搜索的价值和在搜索过程中的满意程度,但可能同时把其中的辛劳也浪漫化了。这些回报(金线、贵重金属、华丽的砖墙、可爱的图案)有指引的作用,对参与工作坊的研究生们来说,有某种"真理"存在于他们整理的文献中。

但是,对我们来说最丰富的比喻是把写作困难归咎于文献的复杂性。两个有关动物的比喻令我们大受启发:

- 吃一只活着的大象
- 劝说章鱼(或它的几条手臂)进入罐中

这些比喻和其他比喻不同是因为他们幽默地强调了文献任务的极端困难程度。能力不足或准备不足的感觉是不存在的。相反,虽然障碍是巨大且难以控制的(活大象,无法掌控的章鱼手臂),而研究者却是积极主动的。他正在"吃"和"劝说"——在面对似乎看起来不能完成的任务时做自己需要做的事。

这样的比喻对于深入分析研究者的焦虑很有用。它可能创造一个学生和导师之间的教育学式的对话,导师能通过这个对话指引学生认识到在成为学者的过程中——或更具体一点,在整理文献过程中——涉及的身份认同工作。我们作为导师的目标是把弱化性比喻进行转化,让学生开始想象如何主宰博士旅程,不管这有多难。这些有关文献综述比喻的讨论开启了一种与博士生们对话的不同方式,这种方式照顾到他们的认知与情感,也涉及文本工作/身份工作的复杂性。

不过,部分问题出在我们常用的术语——文献综述上。

文献综述的内涵

我们在第一章中因为"整理成文"对论文写作过程会产生一些消极和未知的影响而对"整理成文"一词提出了质疑。这里,我们也反思"文献综述"这个词语,并且摒弃它惯常的意思。

关于"文献综述"(the literature review)这个短语,有一些问题显现了出来。

首先它是单数名字,之前有冠词"the"或"a",这表明他在论文中的一个地方占据重要位置,通常放在第二章。无论我们是讨论 the(一个或唯一)或者 a(有些不太限定但仍是单数)的文献综述,在语言学方面都标记为是一个完整的写作而不是散见于论文中各个部分。

更让人苦恼的是文献综述常被认为是出现在博士研究的开始阶段,而在田野工作之后需要对之进行少许修改和整理。毫无疑问,在读博早期集中深入研究文献非常必要。但是,大多数评阅人(例如 Dunleavy,2003;Hart,1998,2001)强调文献工作是一个不断演进和不断进行的工作,必须在写论文的过程中不断更新和修正。这就表明文献的阅读和写作贯穿于博士研究的各个阶段。

文献这个词语本身就让人感到很好奇,它似乎能将研究报告、一般图书、文章和专著提升到一个经典的地位——文献,唤起对文化的重视。我们没让博士生们去做研究回顾而是文献回顾,而文献通常用作单数名词而不是复数名词。

最后,动词"回顾"被转化为了名词,暗示着对其他人已经做过的研究工作的收集、展现和总结。博士生"做"(Hart,1998)或"写"(Murray,2002)文献来创造一个回顾。当"回顾"这个词语被用作为一个动词的时候,比如**回顾**文献,在用词上研究者就被认为是一个旁观者。但是,我们想强调的是把学生放在主动者的位置去使用和评价别人的研究,从而为自己的研究开辟一席之地。

随着本章的推进以及下一章,我们回到这里提出的问题上,比如使用文献而不被文献所用意味着什么? 根据整个论文的篇章结构文献放在哪里,应该怎么放? 由于我们的目的并不是创造一些没有必要的新词语,我们将继续使用"文献"这个词,但永远是小写的复数形式,即 literatures。有时我们也会用到文献综述的缩写形式 LR,这是为了进一步弱化先入为主的术语。

我们现在来看一下指南书中是如何论述文献综述的,以便扫清意义相左的比喻和策略。

文献综述和指南书

大多数指南书都包括文献综述的部分。这部分充盈着令人望而生畏的词汇和苦口婆心的劝诫——要严谨、系统、尊重(但批判)并全面(但并非面面俱到)。

伯顿(Burton)和斯迪恩(Steane，2004)提供的建议令人忧虑。从管理学的领域出发，他们构建了对文献综述重要性的高度期待。他们把文献综述称为"论文非常重要的部分"和"研究的基础"(2004：124)，并认可它对论文的巨大作用：

> 对相关理论回顾的全面性和严谨性会对论文的所有部分起到强化作用。理解文献能使你的论证更加聚焦并能帮助你阐明自己的主张或研究问题……可以定义你研究的领域，提示你需要去验证的假设，建议恰当的研究方法甚至可能决定样本的大小。
>
> (Burton and Steane，2004：125)

文献综述工作是一个高风险的工作，要么成功，要么失败。虽然我们赞同把握文献的重要性，但这种过于拔高的观点让文献综述显得难以为之。

伯顿和斯迪恩也用旅途和水来比喻文献回顾的过程，告诫这项工作有迷路或试图面面俱到的危险。

> 找到相关文献的工作可以比作一段发现式的旅程，就像追溯一条河的源头一样。如果你正在探索这条河，会有支流和小溪吸引你去探索，但这些都是旁路，会分散你完成主要任务的精力或使你偏离方向——探寻旁路有些会有收获，有些没有。如果你去探索河水的每条支流，你将会对整条河更加了解，但是你也有可能被这些小溪流分散注意力而永远无法到达河流源头。因此，你需要去决定河流的哪些分支是重要和需要去探索的，哪些不太重要可以被忽略。
>
> (Burton and Steane，2004：126-127)

河流的比喻构建了一幅理性图景和一系列深思熟虑的选择。文献(单数)被描述成了有很多支流的河流并且被分成了几个部分。某些部分有一个(或者多个)源头可寻，旅行者只需探寻和决定怎么前进、走这里还是那里以及停留多久。旅行者的立场应该有能动性，不过，如果像学生们所说的那样带着混凝土块走路、缠在水草和淤泥里、被困住、迷路或者处在溺水边缘的话，探寻似乎也很难进行。

伯顿和斯迪恩让他们自己的学生在没有地图的情况下，去往未知的水域，开启一段旅程，也很少有指引告诉他们该如何做。那么学生们依据什么来判断哪条小溪值得探索呢？她如何避免被困在泥潭中或者在干净的水里清除杂质呢？河流的比喻，还有类似的比喻，描述了一幅过度理性的、接近事实背后的图景。一旦作者了解了这条河流并且能够看到它的支流和分支，他就能征服它。

像这样的建议远远不能够帮助博士生反而会增加他们的焦虑感。更加积极地看待文献综述,并将其作为一件可以完成的事情这很重要。我们将这称为重新命名,重新架构。在本章的剩余部分,我们将会探讨两个比喻,通过它们重新思考文献综述的工作。

更加实用的比喻:餐桌和晚餐会

贝克尔(Becker,1986)有一篇章节的标题贴切地叫做"被文献恐吓",这个章节建议学生将学术看做是积累性的事业。学生是在为已经存在的某些事情增添一些东西;重新使用别人的学术成果来推进自己的研究。因此,贝克尔没有用让学生探索河流来考验忍耐力的比喻,而是用桌子的类比来分辨什么是新的,什么是旧的或可以借鉴的知识。他说:

想象一下你正在……做一张桌子。你已经设计好并切割出一些部分。幸运的是,你不需要亲自做所有的部分。一些部分就按照标准的尺寸和样式来,例如二乘以四的长边——在任何木料场都可以找到。还有一些部分已经被别人设计或者造好了——抽屉把手和桌脚。你唯一要做的就是知晓所有东西都是现成的,然后把它们放在预留的位置上。这是使用文献最好的方法。

(Becker,1986:142)

贝克尔认为文献综述是一种特殊的文本,是一个论证(这个问题将会在第七章中详细讲解)。这里我们摘录的是贝克尔最初发表的观点:

你要做的是论证,而不是桌子。你已经创造出了一些论据,可能是基于你收集到的新的数据或信息。但是你没必要发明整件事情。其他人已经研究过你的问题或者与之相关的问题,并且已经做出了一些你所需要的部分。你只需把他们放在属于他们的位置上就好。这跟木工类似,你做好自己那部分,然后为剩下的你知道可以拿到资料的其他部分留出位置。就是说,只有你知道有文献可用才这样做。这就是为什么一定要熟知文献:只有这样你才知道哪些部分可得,同时不浪费时间在已经做过的研究上。

(Becker,1986:142)

餐桌比喻最大的特征就是贴近生活。我们都用过桌子也知道桌子是什么,然而并不是很多人都曾游过整条河流。一张桌子的体积也容易管理,因为必须小于房间:再大的桌子在房间里也能看到全部并能在周围行走自如。因此,桌子的比方使得文献综述看起来更容易掌握。而且制作一张桌子是个手工活动。用手工作总是愉悦的,无论身体还是精神、审美上还是实用上。写作就像这样,要兼顾文章的修辞和实用性,不断地一遍遍进行修改、打磨。当然偶尔也需要处理手部负伤,不过比起在河里溺水和无助的搁浅要好得多。

我们想找到有用的比喻能把主观能动性重新放到写作过程中,同时涉及至关重要的身份工作,最后我们找到了澳大利亚一位同僚约翰·史密斯(John Smith)的说法,他将文献综述工作比喻成晚餐聚会。我们在工作坊中向学生们详细介绍了这个比喻,来替代他们常用的"陷入泥沼""迷路"和"溺水"的场景。

我们喜欢晚餐会带来的熟悉感,因为他将重点放在了学术社群中学者们的交流上。这个聚会在自己家里举办,一个他熟悉的领地(不是海洋、泥沼或河流)。博士生们邀请一些在晚餐时间他想要与之交流的学者,重点放在客人和餐桌上的对话。博士生们选择了菜单,买来食物并为客人做好了晚餐。作为主人,他为客人们制造谈论他们工作的空间,但这些谈论内容都是有关主办者的工作的。论文无时无刻不和这些对话有关,因为论文就在餐桌上,是食物的一部分。

由于是自己的晚餐会,博士生有很强的主动性。晚聚会的比喻很清楚地表明学生不能邀请所有人,因为位置有限。他也不单是对话的"观望者"或"回顾者",而是参与者。或许他有时无法掌握整个对话或抓住所有复杂的细节,但他是在场的。他可以稍后再反思和琢磨这些对话,就像一个愉快的约会之后所做的一样。既然已经在自己和客人的工作之间建立起联系,就会有后续的晚餐会、咖啡时间和聊天,也可以不邀请一些人或重新邀请其他人。

我们发现博士生很喜欢这个比喻,因为它跟那些无助的场景形成了鲜明的对比,不再遥不可及。最重要的是,作者的地位不一样了。博士生是邀请人,是他开启与学者们的对话,使用他们说过的话,而不仅是感谢他们的到来。

图 3.1 是露辛达做的晚餐会的图示,她是我们在澳大利亚文献综述工作坊中遇见的一位博士生。她的研究主题是教育情境中的儿童行为问题。做图的时候,她是博一的学生,刚刚完成了文献综述部分的第一稿。

ADHD／行为紊乱 ————————→ 主要文献—医学、心理学

ADHD／行为紊乱的社会构建
- Conrad
- Lawrence and McCallum
- Valerie Harwood ————————→ 对教学／教育的启示
- Cath Laws ————————→ 对教学法的质疑／非融合教育
  - Slee,R
  - Allen,J
  - Danforth,S
  - Erewellers,N
后结构主义
- Fendler,L
  - Popkewitz,T
- Scheurich,J
  - Glass&Weger
- Lather,P
  - Goodwin
- Bulter,J
  - Tavener

福柯　　　　　　　　　　　　　　　我

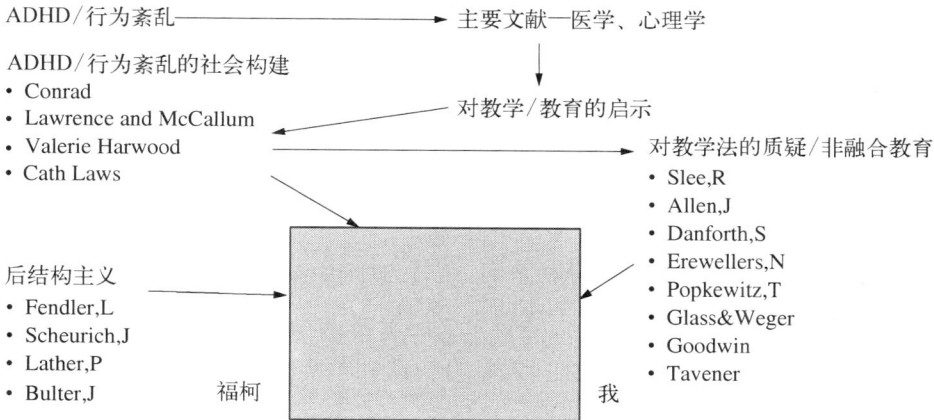

图 3.1　露辛达的晚餐会

我们在工作坊之后与露辛达进行了邮件沟通，我们让她反思这幅图。她写了以下的一段话，引用了晚餐会的比喻。

心理学和医学对于儿童不良行为的论述绝大部分都是临床的"紊乱"。我个人更倾向于不把他们邀请到餐桌上，但我也绕不开，要不我在门口加一张桌子来安排他们？

你会注意到我把福柯放在桌子的最前面，但是我很少在文献综述中提到他；不过，福柯的理论指引我看待和组织所有一切。因此，对我来说，福柯应该在最前面，面对着我在桌子的另一边，因为我知道我作为研究者／写作者／设计者决定着谁和什么应该包括在内。我非常清楚（可能因为我文学分析的专业背景）我是在选择和诠释跟自己的理论和政治立场相关的文本。

我把解释福柯作品的作者（例如 Maria Tamboukou，Mark Olssen）放在福柯旁边，另一边是应用福柯理论去质疑我想质疑的主题的作者（例如 Julie Allen，Valerie Harwood）。在我（研究者）旁边是有关 ADHD 行为紊乱的研究。之前我还提到过研究社会构建的一个大群体（必须提到）和一个小群体（Conrad，Laurence&McCallum，Glass&Wegar）。基本上我会编织一个网格穿梭其中，逐渐建立文献间的联系。

（2004 年 12 月 7 日露辛达的电子邮件）

露辛达继续说，在这个阶段画这样一幅图可以让"有自卑情结的人""打消疑虑"。我们对她的这句话感到很惊讶，因为她在论文中对于理论和方法论的掌握

都很好。露辛达对于福柯在餐桌的位置非常自信。她很清楚在 ADHD 领域不同的理论立场和论争。然而,她的邮件强调她需要得到确认。可能她在 17 岁读11 年级时被开除的经历一直困扰着她。就像她说的:"我从未真正甩掉过那些包袱,因为我一直觉得我在追赶。"这样的论述证明了文字工作/身份工作不可分割的本质,也证明了作为导师,我们有必要二者兼顾,对最优秀和最能干的学生也不例外。

当然了,找到合适的比喻固然重要,但这对于指导教学还是远远不够的,因此我们现在要看看帮助学生运行晚餐聚会的策略,即从文字工作中找到人的能动性。不过,我们自始至终的观点都是身份认同与写作同等重要,不应该被低估。它不是补充,而是论文写作的一部分。

采取批判的立场

如前所述,大多数指南书都认为文献综述应当具有批判性。从表面上看,"批判性"这个词把博士生放在强有力的地位,可以审定和评估前人的研究。然而这是很多博士生无法做到的。批判性被理解为批评,也就是找**错误**。很多学生会感到害怕和无助,因为他们批评的是(受人敬重的)前辈,是所在领域里更有话语权和权威的专家。

批判性的文献综述似乎看起来是一个再普通不过的常用词,但它带有的一系列的前提假设使得写作工作变得更加繁重。博士生们常常回到总结上去,因为他们对于扮演"批判家"这个角色非常紧张。他们常被告诫(通过指南书、导师、学校网站)说文献综述不是总结,而是通过寻找文献和博士论文之间相似/不相似/相关的关系来为博士研究争得一席之地。但是此类建议远远不够。

晚餐会的比喻在这里就很有帮助。博士生可以让聚会变成客人们挨个发言却缺乏互动、争论和质疑的无聊的活动。或者,他可以严格控制局面,捉弄客人并阻止他们之间的交流。当然,这两种都是毫无趣味的时间浪费。做到恰到好处并不容易。

下面的文字(习作 3.4)展现了这一困境,表明博士生保持批判的立场是很困难的。作者吉娜是一位资深的学校管理人员,她正在总结学校改革的"已知"文献。

习作 3.4　吉娜无法定位自己

> 富兰（Fullan, 1993）提出一些关于变革的悖论，能够帮助我们去理解和解决变革的复杂性。他宣称我们无法强制规定什么重要，因为变革越复杂，我们就越无法强制它。他同时解释说，改革是一段旅途而不是蓝图，因此我们肯定会遇到问题。但是，我们应该将问题看做朋友。问题真的可以被视为好事吗？考虑到问题带来的压力和麻烦，这种想法对某些人来说可能是最害怕的和难以逾越的。然而，作者认为，既然问题无可避免，我们就从问题中学习。鉴于此，我同意作者的观点，正如谚语所说："前事不忘，后事之师"。

吉娜展现了自己对学校改革有关问题和论证的丰富知识，但是在定位自己和富兰——一位教育改革领域的资深学者——的关系上出现了困难。在节选中，她将自己称为"一个人""我"匿名的"你"，后来是"我们"，以此把自己隐没在文章的读者中。她对富兰的研究进行了批判，但是为了批判，她借用了反问句。后来吉娜从文本中抽身出来，基于她自己丰富的专业经验提出另一个批判性的评论，可惜她不够肯定，只是说"考虑到问题带来的压力和麻烦"。吉娜还无法反驳文献。只有当她和文献作者观点一致时，她才肯定自己并称自己为"我"。

这篇文字很容易被认为是"写得不好"，但是仔细研究会发现，主要问题不是风格和表达。互文性（intertextuality）的缺失和语义不连贯是由于吉娜无法找到"指点江山"的合适点造成的。在晚餐会上她是沉默的。

下一步，吉娜需要扩充对于批判性的含义的理解，它不仅包含表扬和批评，也包含采取一个我们描述为鉴赏（appreciative）的立场。

具有批判性

具有批判性并不仅仅是表扬和贬低别人的工作。如果继续使用晚聚会的比喻，我们采取批判性的立场并不是去毒害、压制或羞辱邀请来的客人，也不单单是用同意或不同意来对别人的观点表态就行了。这是普通人理解的批判和论证，学术意义上的批判和论证有所不同。

具有批判性意味着需要做出很多判断和决定哪些文献应该重点探讨，哪些不用理会，文本的哪些部分需要强调，哪些需要忽略或不用很重视。对文本采取一个批判性的态度意味着要注意：定义、基础假设和使用的理论资源；认识论和方法论；方法（谁，什么，哪里，怎样）和结果。这些视角可以放在一起建立相似或相异点。只有通过如此集中的质询和文本交互,博士生才能弄清自己所在领域的主要话题。

但是具有批判性也应该尊重别人已做的研究,去看看他们已经做出的贡献有哪些,而不是一味地批评攻击别人。一个需要问的关键问题是:这项研究的贡献是什么?而不是研究失败在哪里。这创造了一种评估的结构,并不将"批评"看做是消极的或破坏性的行为。以下我们选了博士生肖恩论文(习作 3.5)里的一段,意在举例说明鉴赏的立场是怎样的。

习作 3.5   肖恩的鉴赏性立场

> 阶段启示理论被认为是在政策科学"新"领域里建立的第一个正式的政策理论(Deleon, 1999;Sabatier, 1999;McCool, 1995)。这一理论现在已经很少使用了,但这里我将它作为后来的政策理论的历史背景。阶段方法最初由拉斯韦尔(Lasswell, 1951)提出,被布鲁尔(Brewer, 1974)改进,认为其有六个关键阶段:① 起草,② 预估,③ 选择,④ 实施,⑤ 评估和⑥ 终止。阶段启示理论描绘了一个线性的连续的政策过程框架,框架中一些阶段可以重叠,但每个阶段都有独特的特征。这个框架影响了自 20 世纪 70 年代以来许多政策研究,但当今的批评者却认为它结构松散、内部不连贯和线性简单化(Deleon, 1999;Sabatier, 1999)。
>
> 从实践的角度看,这一理论已经过时和无用了,因为它已经被学者们抛弃。但是**阶段**方法却代表着其他理论以及更严谨全面的理论模型的起点。它打开了政策研究通向一系列学科的窗口并为以后基于社会规范和个人价值的观点预留了位置(Deleon, 1999)。

肖恩展示了他对一些重要的政策研究文献的掌握。在提及其他学者对于这些文献的批评和不同看法的同时,他能加入自己对这些文献重要性的判断。肖恩没有使用类似"我赞同(不赞同)……"或"德利翁说……"的说法,而是提出自己对于文献价值的评判,即这部分文献非常重要,它们是后续研究的源头,开创了一个新领域。

这样的做法是对其他学者非常得体的认可,不卑不亢,也不生硬。但他的确指出提及的理论事实上已经被取代了。

有些学生可以自己举一反三地学会批判性思维,而有些需要依靠直接的教学策略。乔恩·瓦格纳(Jon Wagner, 1993)的有关发展批判性思维的分析框架非常有用。这个框架超越了喜欢/不喜欢和赞同/不赞同的写法,并且特意区分了文献中他称之为"盲点"和"空白点"的概念。我们"知道得足够多可以提出问题却无法回答"的是我们的空白点;我们"知道得不太多以至于无法提问甚至都想不到的"是我们的盲点,"在盲点的地方,现有的理论、方法和观点实际上阻碍着我们看清真相"(1993：16)。

为了找到别人研究中的盲点,博士生们需要集中去观察某种方法和方法论没有关注到的东西,即由于理论或方法论的原因而被忽略的东西。例如,问卷通常会根据作答者的观点对一个现象进行大概的描述,但无法提供现象背后深入的原因。这需要一种不同的调查方式。缺乏深入的原因是这类研究的盲点(其实这也是为什么混合研究方法被认为要比单独的问卷调查要好的主要原因)。

相反,确认空白点就要询问这个研究本应该做到却没有做的是什么,也就是研究的缺陷。因此,如果一个问卷忽略了该问的问题或缺乏交叉汇总,那这些都可能是空白点。

区分空白点和盲点可以帮助博士生们了解实施欠佳的研究与数据和分析存在局限性的研究之间的差别。此外,如果数据的局限性跟盲点有关,那么学生就能针对盲点来核实研究结论是否成立。如果博士生能以鉴赏的立场把盲点和空白点的概念结合起来,那么他们就可以把精力放在文献的贡献上以及怎样/在哪方面/为什么要做进一步研究。二者的结合也提供了超出总结内容和主题的评价文献的具体方法。

博士生们能够通过提问来批判性地评价其他学者的文本,比如:

- 论点是什么?
- 这篇文章论述了 X 的哪一部分?
- 从什么立场?
- 用什么证据?
- 做出什么样的论断?
- 是否完整充分?(盲点和空白点)

通过提问和回答这些问题,博士生们能描述文献的具体贡献,然后去和其他文献进行比较,可能会得到某个领域的历史演进或是现状。使用空白点和盲点的概念去处理大量文献能够展示所在领域的研究空白和发展空间,这是博士生们需要去填补的地方。

示范好的文献综述

导师去收集一些博士生写作的案例是很有用处的,包括一些质量高的文本和问题文本(要协商取得同意后才能使用)。然后导师可以把文本中浮现出的身份认同问题具体化。博士生可以和导师一起阅读这些文本并思考:文本的成功和失败之处是什么? 这些文本可以用作是以写作为中心的研究生指导的教学材料。这样有利于使学生手头的写作工作更加公开化从而减少尴尬和困扰,同时也有利于学生得到具体的而非笼统的反馈。

习作 3.6 给我们展现了一个扎实的文献综述的例子。安妮是一个高级公务员,她的研究从传统和批判的视角来看待官僚政治的角色。在这篇节选中,她游刃有余地处理了复杂的概念和学术用语。

习作 3.6   安妮管理文献

> 对于高级官员在政策发展中是扮演着积极角色,还是影响有限甚至阻碍部长的意愿,这一问题是存在争议的。似乎流行着一种观点,就是部长制定政府的政策流程,而官僚政治被认为是施行政策的"无可避免的灾祸"。与此同时,有些文献支持官僚政治,甚至建议官员要在政策制定过程中扮演更加主导的角色。但是,文献似乎在关于官员的参与度上说法不一。很多学者都赞同官员在政策发展过程中主动或被动地扮演着重要角色,但这并不能代表所有学者的观点(Levin, 2002;Stone, 2002;Birkland, 2001;Lynn, 1996;Majone, 1989;Goodsell, 1985)。
>
> 把政客看作是政策领导者的观点认为,公务员,无论资深与否,都是公众的"服务者",当然,说得确切点是部长的"服务者"。一些人将资深公务员视为政治进程的工具,但在政策制定中的角色却非常有限(Wilson, 1999)。这一理论导向和新企业管理的意识形态如出一辙,都被认为可以推动公共管理和政治进一步割裂开来,但我认为同时也更加激励官员们寻找自己在政府政策中更加直接的角色。就像科恩(Cohn, 1997)认为的那样,在这样的体制下部长依赖副手和其他资深行政人员为政策提供方向和建议,但实际的决定却是在政治层面做出的。以这种方式看待政策发展当然对于永恒的公共服务有一定的认可,但这只是在实施的时候,并不包括政策制定。

这是安妮的初稿,其中包含一些引文的错误。但是,在初稿中安妮已经用权威的语气和评判的立场来写作了。我们把安妮文本的这一特点称为"管理文献"。她一开始就把自己的论述设定为辩论,有一系列的观点相互竞争。这样她得以突出自己的而不是别人的观点,主动引导读者了解这一领域的不同观点。她用评价性的语言分辨和澄清不同的观点立场:"似乎有一种普遍的观点;有些文献支持官僚政治;文献似乎说法不一……。"她也联系到更广阔的话语:"这一理论导向和新企业管理的意识形态如出一辙……。"她也把文献和自己的观点联系起来:"……我认为同时也更加激励官员们寻找自己在政府政策中更加直接的角色。"

习作 3.7 是另外一个用权威语气写作的文献综述。作者克里斯正在研究教育电影。在论文里她没有把文献综述作为单独的章节,而是把不同种类的文献分布在三个章节以便分析七部战后电影。在以下的摘要中,克里斯在章节的开始阐述她从大量报告和学术作品里提炼出的主题。

习作 3.7 克里斯介绍主题

> 这一章追溯有关电影和教育的主要理念的发展,时间跨度从促使 1933 年英国电影协会成立的《教育和文化电影委员会的报告》直到 20 世纪 50 年代早期。特别指出的是,本章探讨教育部 1944 年有关资助课堂电影制作的实践和背景。虽然有关组织职责和电影制作、发行以及产权的问题放在一起讨论,但这些不应该被视为所涉及机构的发展历程。作者的目的是追溯一系列有关教育和电影的互不相同甚至有时相互矛盾的观点,这些观点被发展进程中主要的组织和个人固化了。用"电影和教育"作为标题是因为这一时期"有关电影的教学"和"通过电影来教学"达到了平行发展的高峰。这两种思潮一直处于围绕教学实践和启示、媒体形式和风格大争论的中心位置。

无疑克里斯掌控着自己的晚餐会。她决定了对话的主题以及什么可以包含进去,什么不能包含进去。她了解一些关键的分歧,并且从一篇主要的基础文献入手。她清楚地表明她的目的是"特别之处的是,本章探讨……";"虽然有关……的问题放在一起讨论,但这些不应该被视为……"。她已经在研究领域中建立起一个重要和不间断的区块,预示接下来的文献综述是有关这个区块如何变化和发展的。

这是一个东道主优雅尊重地主导谈话和掌控全局的晚餐会。这一篇和其他几篇都可以作为学生的范文。安妮和克里斯的习作与文章开头薇拉和杰拉尔丁的习作成为鲜明的对比。这表明博士生无需被文献折服或不切实际地期望文献都是真理或高度统一。这些习作表现了合理的欣赏和批评,并明确了博士论文的观点应该怎么写。

小结

文献综述是困扰博士生的难题之一。博士生们描述文献综述的比喻反映出他们对这一工作感到能力不足和无法驾驭。换成可以掌控和熟悉的比喻可以重新架构对文献的认识。如果在此基础上博士生们懂得"批判性"意味着分析和鉴赏文献,那么文献工作就会变得容易多了。这里,导师起着关键作用,他们帮助学生重新构建文献理念并提供写作范例,把文字工作/身份认同工作具体化。在下一章,我们讨论建立学术权威和说服力的更加细致的策略。

第四章
抓住文献的关键点

要教学生写文献综述,导师需要的远不止比喻和范文。他们还需要写作策略,以便帮助博士生从海量的信息中抽身出来,找到规律并探索其意义。博士生需要导师指导他们有效地做笔记、分类和筛选,直到写出论证充分的篇章。最终博士生需要把自己的研究置于文献中,说明哪些文献最有用以及自己的研究如何基于这些文献并推进了前人的工作。

一开始导师通常会给博士新生推荐一个书单。有关核心概念的指南书和总结性文章值得推荐,这有助于他们了解领域的主要思想。不过博士生也可以自行搜索文献。然后,在通过谷歌搜索、泡图书馆、使用推荐的数据库找到一大堆零散的书籍和文章以后,他们往往不知所措。要想知道最好的检索词需要对这个领域有详细的了解,而博士新生——因为是新生——做不到。用菲尔克劳的术语来说,就是博士生们需要了解第三层(见第二章)。当海量的阅读材料摆在面前,他们不知道如何鉴别哪些是重要的,哪些不是。

以下的问题比较典型地反映了博士生的困境和焦虑:

- 怎么知道哪些作者比其他作者更重要?
- 这么多的材料,我怎么才能有时间读完?
- 这些书和文章的作者说的东西似乎各不相同,怎么才能把握他们所说的意思呢?

在本章第一节,我们提供三个策略来解决博士生一开始面对的需要攻克海量知识的困惑。第二节,我们将解决另一个难题:做经济型笔记和绘制领域"地图"。最后,我们来看如何写文献部分。和其他指导研究生的书相比,这些策略为导师提供更便捷和更互动的写作辅导模式。尽管本章用了具体的事例,但我们相信导师可以根据自己的学科和院校情况自行调整。

文献综述的基本问题

为了理解文献综述工作的本质并且减轻工作的艰巨性，我们建议导师在和博士新生前几次会面时提出以下四个关键的讨论话题。

1. 你的领域里有什么？

一个学术领域内产生的知识常见于同行评审的文章和书籍中。现在这些知识也能在博客和优质报刊上找到。不过，相关文献也可能包括各种其他材料。政府、工业界和半官方机构也能生产先进知识（Beck，1992；Burton-Jones，2003；Delanty，2001；Gibbons et al.，1994）。在一个思想被媒体、互联网和大众言论所影响的年代（Franklin，1999；Seaton，1998；Taylor et al.，1997），这些资源也可能与博士生们高度相关。博士生们可能会从文化的、专业的或政策问题中找到自己的研究想要填补的"空白"，而非简单地在学术活动中寻找。这些"文献"可能包含大量的非学术资料。

对博士生来说，列一个需要使用的多样资源初始列表会很有帮助。

2. 你不需要阅读所有的材料

在完成任何文献任务时，博士生们都需要认识到这个任务不仅需要仔细地阅读一些文本，也需要了解这个领域的大体情况和某个特定文献与其他文献之间的关系。贝亚德（Bayard，2007）在他的名为《如何谈论你还没读过的书》的书中提供了一个理解这项双重任务的有效方法。

贝亚德用"集体图书馆"（collective library）一词来描述与主题相关的文本总和。他认为理解"集体图书馆"的外形以及各文献之间的关系非常重要。读者不仅需要考虑他们所读文章的内容，还需要考虑这些文章和未读文章的位置关系。正是他们理解了一本书在"集体图书馆"中的位置才使得他们能够略读内容，抓住其中最重要的观点。

贝亚德也谈到"内部图书馆"（inner library），它是集体图书馆的一个分支。内部图书馆包括一些给读者留下深刻印象的书籍和那些最有用且常用的书籍。这些特殊的书籍能够为博士生们指明阅读的方向。博士生们需要知晓，每个学者都会组建自己的"内部图书馆"，里面是一整套帮助他们抓住关键理念、争议、研究空白和盲点的资料。有一些关键的文本是必须要读的,但可能只需要略读,无需照顾细节,只要了解研究的大体贡献以及这些贡献与图书馆其他文献的关系和相对位置就好。

对于博士生来说,坚持阅读文献能帮助他们决定将哪些文献归于"集体图书馆",而哪些"内部图书馆"的资料需要仔细阅读。

3. 确定模式和分组

博士生要明白他们需要先给文献分组,然后再找到存在于分组中的模式。分组的依据可以是文献谈论同样的话题、遵循相同的认识论、使用相同的研究方法和相同的样本或关注相同的问题。绝大多数文学和理学的博士生会采用传统的文献回顾方式,而不是"基于事实"和分析的文献分组。这种诠释领域的传统方式往往会让人觉得太过主观。因此,对文献的分组订立清晰的标准是很重要的。

在组内和组间很可能会发现一种模式或多种模式。这些模式可能是基于学科或编年的,例如,女性主义分别有关家庭、工作或教育的文献,每一个都可以成为一个很大的组,这些组可能依据第一、第二、第三次女性主义运动的中心思想形成一定的模式。

分组和寻找模式对于开题报告中一开始的文献组织工作很有帮助。这些可能在文章一开始就会被标记出来以此形成一种定位研究的路线图。

尽早阅读一些文献综述并找到其中使用的分组和模式也很有帮助。也就是说,博士生可以学着不仅看内容,也要学习文本中是如何确定结构和内容取舍的。

4. 理解任务要求和操作机制

博士生要明白,学位论文里的文献综述有两种版本:肯定版(在早期)和论文版(在后期)。这两者都基于对所选文献的评判性评价,但有不同的目的。

杰森(Jesson)和同事(2011)提供了五种传统文献综述的变式。这五种变式并非相互独立,而是有很多重叠;但是,它们在目的和过程上有很多明显的不同。这五种形式是:

(1)概念式综述。这种综述通过综合且批判性地评估已有文献来获知对某一特定问题的理解。概念式综述也可能考察出这个问题是如何被研究的和对之已有的理解是如何产生的。综述的目的是进一步理解这个问题。

(2)现状综述。这种综述从一个领域的历史的视角来看这个领域最新的研究成果,尤其关注趋势、与之相关的争议和赞同观点。这种综述一般是期刊编辑定期写的,目的是定位自己的期刊和它未来的发展方向。

（3）专家综述。很像现状综述,但一般是由这个领域内的资深学者完成,会被这些学者独特的研究兴趣和贡献所影响。这种综述一般由学术团体的主席在学术会议上为参会者做出。

下一个变式是在博士研究开始或申报研究项目时的文献综述,目的是定位新的研究：

（4）审视式综述。这个综述是为未来的研究制作的一个日程表,它记录了一个主题已有的研究,然后聚焦于与其相关的研究空白点、争议所在以及盲点。它列出主要概念、问题和理论来凝练研究问题和证明研究方法的合理性。

最后一种变式可能会出现在人文和社会科学的论文、期刊文章或书中,是在研究完成之后的综述。

（5）传统式综述。这有点像审视式综述,但是它不是去为新项目开辟空间,而是定位已经完成的新项目。这一类型的综述在本质上使读者获知已有的研究加上新研究做出的贡献。这样的综述主要是告诉读者过去未知而现在已知的东西以及研究的重要性。最初的审视式综述中的一些文本和主题部分有所忽略,而其他部分被重视,以表明新研究和之前研究的联系、传承和异同。

因此,（4）审视式综述和（5）传统式综述并不是在做同样的工作,他们目的不同。一个是证明新研究的合理性,而另一个是确定新研究在已有研究中的地位。

这一不同最明显的启示是博士生们不能把开题时的文献综述直接放在论文里,在写论文时需要在文献上下更多的功夫。早期的综述需要修改,不仅是因为博士生阅读了更多的资料,也因为研究目的和论点不一样了。

浏览、记笔记和画文献地图

通常导师会提醒博士生对阅读文献做笔记的重要性——可以使用引文软件——以免在论文最后阶段无法找到某些原文的出处。这项工作需要做到准确、有条理和细心。高校可能认为博士生一开始就知道怎么做。但是只要随便看一下博士生博客和推特就知道事实并非如此。有关如何有效记录和整理笔记来为文献综述服务的讨论从未停止过。

但是,导师因为带很多研究生所以经常很忙,没有时间去指导每个博士生去做浏览、记笔记和画地图。显然,在这个环节,某种形式的高校支持服务会提高效率并受到欢迎。

本章建议高校可以将三项策略内容作为博士生迎新活动的一部分,分别是浏览、做笔记和画概念地图。

浏览

1. 浏览一篇文章:什么都不写

通过查读大量的文章博士生可以知道都有些什么文献以及哪些文献可能与自己的研究相关。浏览之后,他们可以返回去再仔细阅读那些看起来最相关的文献。我们建议博士生按照以下步骤:

- 阅读文章的标题
- 阅读摘要
- 阅读引言、标题、每段首尾句和结论
- 向同僚讲述他们所认为的文章的内容

在这个练习中,博士生不在文中划重点或记笔记。我们要求他们坐在自己手上,以此来打断他们阅读时拿笔划重点的习惯,因为那样会因为单独的树而看不到整片森林。如果他们很难把注意力集中在文本的字行上,可以用尺子比着,但不能用笔。通常博士生会惊讶于他们从浏览中获取的信息。

浏览能提取出文章的"骨架"和论点的脉络,帮助读者理解学术写作的本质。标题、段落主题句、题目、摘要以及结论是将一篇学术论文穿起来的"红线"。

2. 浏览一本书:是否值得阅读

阅读一本书会花费比阅读一篇期刊文章更多的时间和精力。因此,对于有时间压力的博士生来说,决定一本书是否值得认真阅读非常重要。还好作者和出版商会留下一些线索帮忙做决定。我们建议博士生:

- 看书名

由于出版商比较用心地想用机智的书名让读者猜到书的内容,他们通常会用具体的主标题或副标题。比如我们最新的一本书叫做《为同行评审期刊写作——发表的策略》(Thomson and Kamler, 2013),这个名字很清楚地告诉读者书里写了什么。

- 看背封的简介

这个简介特意告诉读者书的目的、内容和其所属的学科领域。

- 阅读章节的标题

如果章节标题准确并中肯，那这些标题足以反映章节的内容。

- 如果看了上面的仍然觉得这本书很相关，那就做一些预读

现在的出版商和书商会提供在线的样本章节。在书店或学术会议的出版社展台上，可以很容易地去浏览一本书的简介，那里可以找到作者的授权和章节简介，也可以找到图和表的列表，如果有时间，甚至可以随机选取几页去了解书的风格和基调。

浏览应当建立起对书的学科定位、预期贡献、对大致论点和组织论证的一些了解。读者应该知道是买下这本书还是从图书馆借阅，抑或现在不需要但可能以后会有用。

记笔记

仔细阅读和记笔记的目的是为了将文献和要做的研究联系起来，并不是简单地对文章或书籍进行总结。当然总结必须有，但要和博士研究联系起来。

有关记笔记最重要的事情就是：不要将书或文章的内容全部写下来。这是浪费时间，也失去了记笔记的意义。记笔记的目的是理解作者所阐述和论证的东西。博士生应该做到能够向别人简要地解释文本的内容。解读文本的过程非常重要，不仅能帮助博士生迅速理解文献，也为以后如何建立文献综述的观点奠定基础。

1. 记录文章

主要步骤是用三到四句话写出文章的论点和结论。这需要严谨的思考。

如果一篇文章值得仔细阅读，那么深入的问题可以令笔记更加有重点（见图 4.1）。如果这些问题是以项目符号的形式或以少量的句子或短语的形式回答，那么这些答案会很容易进入到任何电子参考文献的系统中，能够被检索和重现。

回答这些问题之后，文章就可以按不同的方式分组——围绕定义、主题的不同方面、方法、理论视角和认识论传统。这样，博士生就创造了一个系统、可靠的出发点来对文献分组和发现其中的模式。

1. 这篇文章所属的研究领域是否和你的研究领域一样,还是属于另一个领域? 这很重要,因为你可能想要争辩说你的一部分贡献在于把其他领域的知识带入自己的领域,或者进行跨学科研究。

2. 文章涉及你的主题的哪一方面? 这对你来说很重要,因为如果你想说自己的研究填补了一个空白,就应该清楚已有的研究是什么以及自己的研究有何不同。研究的重要性取决于它特殊的贡献。

3. 文章对于研究主题是如何定义的? 通常看似相同的事物却存在不同的理解。能够定义你认为的主题的含义并解释为什么,以及何人也使用同样的定义非常重要。

4. 与主题相关的哪些概念和语言对你来说是有用的? 我们的研究总是在别人研究的基础上展开的,我们通过引用来参考借鉴这些文献。引用是构建我们研究的文本路标。

5. 这是一种什么样的文本? 它是建构理论型的还是思辨型的? 元研究还是系统性综述? 或是一个实证研究? 这种研究与你的研究有何联系?

(1) 如果是实证研究,那么你就要记录认识论传统、方法论、研究地点、方法和抽样,因为这些都可能是与你的研究不同的地方。

(2) 如果是元研究或者系统性综述,那么研究结论是否创建了进一步研究的空间? 该领域的分类或者研究传统能否有助于你说明你的研究贡献? 或者有可能发展你的研究设计?

(3) 如果是建构理论型,那么作者通过这个方法可以观察和陈述哪些内容? 哪些内容包含在内而哪些内容没有包含在内? 这种方法对你是否有用,或者是否为你的研究提供理论支撑?

6. 文中的分类是怎样的? 文中使用的主要概念和框架是什么? 哪些在你的研究中用得上? 需要在文献综述中呈现批评吗? 这些分类能够被当做文本的关键词吗?

7. 文中建立了哪些关联? 在参考文献里有你需要看的新文献吗? 这篇文章给你的研究提供新见解了吗?

图 4.1　记笔记的详细问题

(资料来源:http://patthomson.wordpress.com/2012/03/03/doing-your-literature-review-taking-notes/)

2. 记录书籍

显然博士生不可能将书中内容全部记下来,也不应该尝试这样做。我们建议的一个有效的策略是,先通读全书,记少量笔记,可以考虑用便利贴。在阅读完成后,用不超过一段话来写个总结。这个总结应该包括一些关于书的目的和作者陈述的主要问题;总结主要论点和结论——就是作者试图阐释的观点。

如果这本书需要仔细阅读,简要列举论证的每一个步骤可能有用——一个步骤可能对应一个章节或几个章节。笔记应该显示每一章与下一章之间的联系并表明本书和自己的研究之间是怎样的关联。笔记需要包括书中使用的论据、理论方法以及与其他文献间的联系。在最后勾画结构地图时,研究者的笔记应不超过几页纸，可以被输进任何电子软件平台。

仔细阅读的材料是相对少量的——相应的作者是晚餐会上坐得离博士生最近的。仔细阅读的意思是系统探讨作者的语言和调查使用的资源（引用、赞同和反对）。需要仔细阅读的很有可能是某些作者的观点而不是他们的某一本书，这就要求博士生熟悉这些作者整体的观点、这些观点如何随时间变化以及影响他们观点和思想发展的因素。

关注任何特定的作者或学派时，关键的一点是博士生应该明白，相比较于其他文献，这些文献所提供的与这个领域中核心问题/困惑/现象相类似的观点，思考他们提供的这篇文章或这一组文章对这个领域的特殊贡献是什么。

文献地图：把组别和模式放在一起

哈特（Hart）写了一整本书来讲怎么"做文献综述"，还写了一本文献搜索的书。他把制作文献地图视为文献回顾的一个重要部分。

文献地图是指在纸上列出与题目相关的研究和思路并标明他们各自所处的位置。一方面，文献地图是为了找出哪些研究已经做过了、什么时候做过、使用了什么方法和什么人做了什么；另一方面，文献地图寻找已有研究之间的关联，以便展现影响研究结果的思路。

(Hart，1998：144)

哈特提出了很多把看法、论点和概念建成文献地图的方法。这些方法包括**特征图**（总结研究的论点并比较与其他研究的异同）、**树状图**（展现出主题发展成分支主题和相关的问题）和**内容图**（按照不同的层级进行分类组织）。这些技术方法非常有用，能帮助博士生找到不同看法和不同论点之间的关联以及文献之间的关系。

我们制作地图的方法更加强调身份认同工作以及**不同研究主体**之间的关系。博士生通过筛选、剔除和分类已有的研究从而积极地搭建自己的研究框架。他们通过文字和其他学者进行对话，寻找自己的研究在相关领域中的位置并改进自己的论点。

在制作可视化地图之前，我们会让博士生谈论他们在对研究主体部分进行选择、归类时遇到的困难。我们会询问他们有关内容取舍的问题以及不同学者的取舍问题。制作可视化图表的实际步骤可以帮助博士生建立新的联系。转换一下形式会帮助博士生们更直观地看问题并常常会产生新的认识。地图可以帮助确认已有文献中存在的空白，而且能促使文献的更新并使之可视化。

博士生可以在博士学习的各个阶段使用地图，不断推进和修正他们对于某一领域的认知。但有时候却无法做出地图。这可能是因为为时尚早，或者还没想好对于领域的贡献。但是这也是一个有用的信息。出现这种情况时，导师可以利用自己在领域的丰富知识和博士生一起构建地图。

导师们可以通过示范如何形成他们自己研究的概念地图来进行有效的教学。朱莉·麦克劳德（Julie McLeod）是我们澳大利亚的同行，她有一个指导博士生撰写文献综述的线上论坛。在论坛上她要求学生指出他们所要研究的不同领域内的主要学者和议题。为了帮助学生参与线上活动，她向学生们示范她自己的研究如何与已有各种相关研究相互交融。下面这段摘自她的文献地图。

"12 - 18岁项目"是一个追踪研究，主要调查男孩和女孩在中学每一年直到他们中学毕业后前几年的经历。这个项目关注当今澳大利亚青少年的身份认同发展和教育以及二者的交互……我的项目和不同领域、不同形式的研究都有所交叉，包括研究关注的重点（有关青少年研究、教育差异和教育成效、性别和阶级差异、身份认同的发展的文献）、研究方法（有关访谈、追踪研究、研究者的角色和反身性的文献）和理论视角（有关身份认同的形成、时代与社会变迁、女权主义中性别的文献）。……我可以举出好几个"关键人物"。

例如最近瓦莱丽·沃克丁（Valerie Walkerdine）、海伦·卢西（Helen Lucey）和琼·梅洛迪（June Melody，2001）的名为《正在长大的女孩：性别和阶级的心理社会探寻》（*Growing up a girl: psycho-social explorations on Gender, Class*）的书中阐述了好几个"12 - 18岁项目"关心的问题。首先，《正在长大的女孩》是基于一个对4 - 12岁年轻女孩的追踪性质性研究，它探究性别和阶级、身份认同的差异，建立了社会变化和晚期现代性的理论。第二，作者非常有名。尤其是沃克丁，她在性别、身份认同、社会和教育变革领域进行创新研究，享有很高的国际声誉。第三，虽然这项实证研究立足英国，但它与澳大利亚教育和社会发展趋势有所重叠，方法和理论视角也有相似之处。第四，虽然《正在长大的女孩》具体的关注点和分析与我们想要做的研究不一样，但很明显我们需要吸纳它的洞见并找到我们研究的特别之处，同时预设出我们方法的选用和分析可能存在的问题。最后，鉴于作者的声誉、他们以往的研究以及该书与我们自己项目之间的密切联系，不仔细研读这本书将被视为是很大的疏漏。此外，根据其他学者对该书的关注度可以确定这本书不仅是我们的研究的关键文献，也是从心理-社会视角研究年轻人和阶级/性别身份认同这一领域的关键文献。

（McLeod，2005）

麦克劳德的文献地图让我们清晰地看到专家研究者们在定位他们自己研究时如何分组和发现模式。麦克劳德把来自不同学科领域的文献按照不同的方法论进行分组，然后找到贯穿不同群组的理论视角的模式。她找到了一批核心学者和一篇与自己研究高度重叠的核心文献。她用重叠的地方来搭建自己研究的基础，而把差异作为研究必要性的保障。

　　博士生可以用多种方式来使用这种专家研究者的文献地图。我们接下来要看看怎样用这些文本来示范定位和占领的策略。

写文献综述

　　博士生们很容易忽略他们对于某个领域的研究"贡献"。为了鼓励他们为自己的研究开一片天地，我们给导师提供三个策略去辅助博士生找到某个研究领域的空白和趋势。这三个策略是：阅读专家的文献综述、合作写作和提取句子主干。

阅读专家文献综述

　　导师可以收集在特定领域内有经验的研究者们写的文献综述样本。这些样本可以帮助博士生们了解专家学者们是如何写作的。为了像"作者"一样去阅读，博士生们需要指导，他们尤其需要了解不同领域使用的通用惯例。这样的阅读很有成效，可以把一般阅读中容易忽略的东西提取出来，可以加深对于学术写作可能的写法的理解。

　　我们选取了两个文献综述来举例说明。第一篇是帕特丽夏·邓斯密（Patricia Dunsmire，1997）写的批判语言学领域的文章；第二篇是肯·琼斯（Ken Jones，2003）写的有关英国教育的图书简介。

邓斯密的文章《在事实话语中融入未来——对一项预期事件的批判性话语分析》(*Naturalizing the Future in Factual Discourse: A Critical Linguistic Analysis of a Projected Event*)分析了在1990年8月3-4日波斯湾危机期间《纽约时报》和《华盛顿邮报》对此的头版文章报道。下面的摘录来自邓斯密的文章开头,这里她言简意赅地综述大量的相关研究以便定位自己的研究。为了方便谈论作者具体的写作策略,我们给句子标上了序号。

[1]该研究基于批判语言学并为该领域做出贡献(Caldas-Coulthard and Coulthard, 1996; Chilton, 1982; Fairclough, 1989, 1992a, 1992b; Fowler, 1991; Fowler, Hodge, Kress and Trew, 1979; Seidel, 1985; Van Dijk, 1989, 1991; Wodak, 1989)。[2]尽管批判语言学的研究包括考察过往事件的话语建构,但目前还没有对预期事件建构的拓展研究。[3]鉴于此,本研究阐释一个预期-未来-事件如何通过语言和修辞而建构为独立和自发的事态,从而为语言建构的过程提供更多的洞见。[4]对于预期事件的分析是本研究的另一个贡献。[5]本研究分析了伊拉克/沙特阿拉伯预期事件背后的政治和社会利益如何体现在《纽约时报》和《华盛顿邮报》的语言措辞上。[6]尽管很多研究(Bruck, 1989; Clayman, 1990; Fairclough, 1992c; Fowler, 1991; Fowler and Kress, 1979a; Glasgow University Media Group, 1976, 1980; Hall, 1978, 1982; Hodge, 1979; Tuchman, 1978; Van Dijk, 1988, 1989, 1993; Zelizer, 1989)把信息源(即使用代表所谓精英人群和机构的代言人作为信息来源)视为建构性的社会和思想实践,但很少有分析将关注点放在这一发现的启示上,也就是说,以客观、均衡和中立的专业词汇为导向的报纸话语中文字的语言学建构是怎样的。[7]针对这一问题,我将呈现一个特定群体代言人的有关假想未来事件的论断如何被转化成不受调节的和预设的信息。

(Dunsmire, 1997: 222-223)

我们一般会用很多问题来指导对这类文章的分析,包括

- 作者如何使自己和相关学者或相关研究联系起来?
- 他怎样展示他的研究所属的研究领域?
- 他如何发现研究空白以便加入自己的研究?

在邓斯密的文章中,我们可以看到句[1]是把自己的分析放在批判语言学领域,也就是她的研究所属的领域。句[2]和[6]指出了其他研究者还未涉猎的研究,

从而示意了研究空白。句[3]和[7]指出自己的研究将会对所在领域做出的贡献：“鉴于此，本研究……提供更多的洞见”；“针对这一问题，我将呈现……”。

但这仅是文本定位的一种方式。使用何种写作风格取决于文献综述的目的和学科。第二个例子是琼斯的书《英国的教育：从 1944 年到现在》(*Education in Britain: 1944 to the Present*)里精干的简介。我们喜欢这一段，因为它展现了经验丰富的学者如何在小空间内用精练的语言为自己的研究打开通往更广阔学术领域的窗口。

[1]这本书和其他战后时期的作品不同。[2]就像很多这一时期的作家一样，这本书在事实讲述和诠释上都不得不借鉴布莱恩·西蒙(Brian Simon)的《教育和社会秩序》(1991)、理查德·约翰逊(Richard Johnson)以及同事在当代文化研究中心的工作(1981；Johnson，1989)、麦克弗森和拉伯的《管理教育》(1988)，加雷斯·埃尔温·琼斯有关威尔士的研究(1990，1997)以及其他作家，包括肖恩·法伦和佩妮·麦基翁对于爱尔兰的研究。[3]从其他层面看，本书也得益于阿诺特等(1999)对刻意性别化的历史的研究以及伊恩·格罗夫那(1997)对种族、身份认同和民族的研究。[4]在提到的作品中你可能会找到对于教育在国家和“行业”层面的历史的描述和分析，不过类似的细节并非本书追求的内容。[5]本书要做的，至少我希望做到的，是从比通常更广阔的视角来呈现教育变革，同时坚持更稳定的文化维度，更多关注政治分歧，更全面地考虑政策、实践和教育空间涉及的众多社会行动者；并且所有这些都遵从英国多样化的国家教育经历的框架。[6]如果本书在这些方面都很成功，那成功就要归因于和我以前一起工作过的教育活动家还有在《教育与社会公平》期刊工作的同事。我在最后一章引用了很多期刊的内容。

(Jones，2003：2)

我们同样也会问一些有关文本的问题。这些问题让读者关注策略和惯例而不仅是内容：

- 作者如何致敬其他学者的工作？
- 作者如何突出自己的研究对某一学科领域的贡献？

我们在第三章中讨论过鉴赏的立场，琼斯在此提供了很好的范例。鉴赏是在尊重他人研究成果基础上的批判。句[1]从一开始就说明了琼斯的研究贡献，例如，通过使用动词：“不同”。在句[2]和[3]中，琼斯用了类似“借鉴”“得益于"这样的动词来表示前人研究的帮助。句[5]使用了很多比较的词语:"更广阔的视角""更稳定的""更多关注""更全面地考虑",进一步突出书的独特之处。句[6]表达出的大方并不是虚假的谦虚和卑微,而是为了增强作者的权威而不是削弱它。

导师可以在分析类似的专家文献样本的基础上和博士生讨论如何在写作中树立自己的学术地位。只有基于文本才能清晰地明白专家作者是如何写作的。

其实我们可以更深入和更直接地介入到学生的写作过程中。我们不建议老套的"拿出红笔划重点"的方法,而是倡导合作式写作,即导师和博士生一起来建立写作中的权威。

合作写作

示范和解构文本不一定能解决全部问题。这个策略是导师和博士生一起坐在电脑前修改文献综述的草稿。重写和重新组织文本直到文字更加明确是更务实的方式。这种方式使得知识生产的过程更加"触手可及"。导师在策略中占主导地位,示范修改过程并注重加强博士生的身份认同。

我们用博士生米亚和他的导师安德鲁之间的互动来举例说明。米亚正在准备开题报告的文献综述。她总结了家庭作业研究领域的研究趋势并由此出发来进行自己有关家庭作业如何在不同的社会文化情境下影响家庭的质性研究。像邓斯密一样,米亚把大量的研究浓缩在很短的篇幅里;像第三章中提到的薇拉一样,米亚使用"他说,她说"的策略(见习作 4.1),大部分句子都以过往研究开头。通过列举先前的例子来组织句子。我们用下划线来突出这样的模式,并对句子编号来帮助分析文本。

习作 4.1   米亚的文献综述

[1] 所有检视家庭作业文献的学者都认为,很多家庭作业方面的研究设计欠佳、周期很短、大多是试验性的并且狭隘地仅关注学业成就(Cooper, 1989;Coulter, 1979;Paschal, 1984)。[2] 并且,这些研究是以部分或常见的对家庭作业的定义为前提,要么假定一个家庭作业的定义,要么狭隘地将家庭作业定义为完成学校任务的时间(Hoover-Dempsey, 1995)。[3] 很多研究只是基于自我报告的单一量化数据;此类数据在理解作业和学业成绩的关系上有不可避免的局限性。

[4] 一些检视有关家庭作业文献的学者们(Hoover-Dempsey, 1995;Coulter, 1979)认为,尽管已有一个世纪的研究,但有关家庭作业的影响仍然是众说纷纭没有定论,这更多表明的是研究这一复杂主题时在方法上的挑战,而并非是作业与学习成效之间关系

的结论。[5] 除了之前讨论过的量化研究,很多研究的数据来自对学生、家长和教师的访谈。[6] 很少有研究是从教室里寻找研究证据,去探究教师如何看待家庭作业或者学生怎样理解自己的任务。[7] 此外,绝大部分研究集中在青少年中学生的家庭作业实践。[8] 对家庭作业相关文献进行综述的学者(Hoover-Dempsey,1995)很少关注小学生的家庭作业,而只是关注一些父母对孩子文化素养的影响的研究。[9] 鲜有观察性研究去探究家庭作业构建的社会互动网络,这个网络包括孩子与父母、兄弟姐妹、朋友和学校之间的交流(Coulter,1979:27)。[10] 一小部分有影响力的研究探讨不同社会文化背景下家庭成员围绕家庭作业开展的交流(Breen et al.,1994;Freebody et al.,1995;Lareau,1987),这将会在接下来的部分加以讨论。

米亚的文字在流畅度、语法或清晰度方面没有什么"错误"。但是安德鲁关心的是"她"在文本中的缺席。米亚简要总结了围绕家庭作业的多重研究发现,但她自己的观点和评价若隐若现或附着在其他研究者的观点中。因此,她的写作缺乏批判和权威的立场。

为了纠正这种写作方式,安德鲁看着电脑屏幕上米亚的文本开始指导她写作。他的目标是示范给米亚如何突出自己的观点。必须强调,面对面的指导比书面批注好,因为米亚的参与非常重要。安德鲁一边修改一边口述自己的意图。他不断尝试修改又不断推翻自己已做的修改。米亚既是一个观察者又是一个参与者,她提出修改建议并亲眼看到修改的过程。安德鲁会打断并提出有关文本的问题。

第一步是展示给米亚她其实把所有的东西(每一个想法、趋势、观点)都归到其他研究者身上。例如句[1]她以"所有检视家庭作业文献的学者都认为"作为开头。安德鲁问米亚是否也同意这个观点,她说是,于是安德鲁调整了句子的结构,把米亚自己的想法放在前面而把引用放在后面。

总的来说,似乎很多家庭作业方面的研究都设计欠佳、周期很短、大多是试验性的并且仅狭隘地关注学业成绩(Cooper,1989;Coulter,1979;Paschal,1984)。这是一个微妙的调整,但这个调整让米亚在学者共同体中有了自己的立场,而不是将自己排除在外。安德鲁在第二段中用了相似的策略。例如句[4]中米亚开头的部分是"一些检视有关家庭作业文献的学者们认为",安德鲁将这种模式中的归因放到句子的最后,把米亚的观点放到了前面。

那么,似乎经过一个世纪的研究,众说纷纭的研究结果更多揭示出的是研究这一复杂主题时研究方法上的挑战,而不是任何家庭作业与学业成绩间确定的关系(Hoover-Dempsey，1995；Coulter，1979)。

安德鲁的下一步是增加一段，也是初稿中完全缺失的一段，在这一段米亚可以突出自己的研究想要填补的空白。安德鲁看到，在句[10]中米亚在提到"一小部分有影响力的研究"时并没有跟她自己的研究建立联系。所以，安德鲁问：这个工作和你将要做的有什么关联？你打算怎么用这些有影响力的研究？

在这段对话的基础上，安德鲁增加了段落和句子，并询问：在这里你要说什么？我们怎么突出你的贡献？他逐渐加入米亚自己的话，就像米亚的转录人一样。这段对话帮助米亚学会稳固自己观点的模式。米亚和安德鲁一起建立了她的研究和更广泛的学术共同体之间的文字关联。修改后的文献综述(见习作 4.2)为博士生米亚构建了更加权威的立场。我们用下划线来突出句首的新风格以及因之发生变化的作者的立场。

习作 4.2   米亚文献综述的修改稿

> [1] 总的来说，似乎很多家庭作业方面的研究设计欠佳、周期短、是试验性的并且仅狭隘地关注学业成就(Cooper，1989；Coulter，1979；Paschal，1984)。[2] 并且，这些研究以部分或常见的对家庭作业的定义为前提，要么假定一个家庭作业的定义，要么狭隘地将家庭作业定义为完成学校任务的时间(Hoover-Dempsey，1995)。[3] 过分依赖自我报告的单一量化数据导致在作业和成绩之间关系理解上的局限。
>
> [4] 由此看来，尽管经过一个世纪的研究，众说纷纭的研究结果更多揭示出的是研究这一复杂主题时研究方法上的挑战，而不是任何作业与学业成绩间确定的关系(Hoover-Dempsey，1995；Coulter，1979)。[5] 最近的质性研究数据在很大程度上依赖于对学生、家长和教师的访谈，即人们对自己行为的描述。[6] 很少有研究关注家庭背景下的家庭作业完成的实际情况。[7] 很少有基于课堂的研究证据探究教师如何看待家庭作业或者学生怎样理解自己的任务。[8] 此外，研究的关注点很少放在小学生的家庭作业，除了一些父母对孩子文化素养的影响的研究。
>
> [9] 在本报告中我试图解决过往研究在方法论上的不足，因此用观察和访谈来考察孩子与父母、兄弟姐妹、朋友和学校的社会交互的网络，这也是家庭作业构建的地方(Coulter，1979：27)。[10] 我聚焦于小学和中学的联系并采用更加复杂的视角，把家庭作业看作社会实践。[11] 很多有影响力的研究探究不同社会文化背景下家庭成员间围绕家庭作业进行的交流(Breen et al.，1994；Freebody，1995；Lareau，1987)，这些研究是本研究的基础，将会在文本的 3.3 节加以讨论。

米亚现在用了"批判"的立场。她在句子开头嵌入了评价性的语言，例如，"过分依赖自我报告的单一量化数据导致……的局限"[3]。她指出了空白点："很少有研究关注"[6]；"很少有基于课堂的研究证据"[7]；"此外，研究的关注点很少放在"[8]。像琼斯一样，米亚承认对于前人成果的借鉴："很多有影响力的研究……是本研究的基础"[11]。

修改稿的语气更加肯定,平铺直叙减弱了。米亚除了对修改感到满意,也震惊于小小的改变竟然使文本更具权威性。这种合作写作的方式深深地影响了她,已融入她的身体,甚至在指导结束后她似乎感觉自己成长了。她后来将这次的经历看作是帮助她变得具有批判性的关键步骤。所以,身份认同工作影响深远。

当导师和学生一起修改文本时,同时被修改的还有米亚对于如何构建文本权威的理解,她想要构建权威但凭自己一个人难以做到——尤其是作为一个博士新生。合作写作还有很多的社会性收益。它为博士生创造了一个不同的身份:作为导师的合作者一起来完善文本。

句子骨架

"借用"别人的语句可以帮助学生学习新的、原来感到陌生或胆怯的讲话方式。这里我们使用斯韦尔斯(Swales)和菲克(Feak)提出的"句子骨架"的概念。引入这个概念的目的是通过剔除内容和找到修辞的骨架从而提取出任何科研写作段落的语言学模式。我们以之前提到的邓斯密的文章为例,重新呈现句法上的骨架:

(1) 该研究基于_____并为_____做出贡献。

(2) 尽管_____的研究探究_____,但目前还没有_____的研究。

(3) 鉴于此,本研究提供更多的_____方面的洞见。

(4) 聚焦于_____的分析对研究做出了贡献。

(5) 对于_____的分析是本研究的另一个贡献。

(6) 尽管很多研究表明_____,很少有分析将关注点放在_____。

(7) 针对这一问题,我将呈现_____。

导师可能会要求博士生把这些句子骨架用在自己的论文里。这些骨架是推敲语言的工具,鼓励写作者站在资深作家的立场上写作——至少在语言上是这样;而且逼着他们在写作中树立权威。这个句法框架帮助建立语言的身份认同。博士生在所在的领域开始变得语气坚定并吸纳了这些语言技巧。

博士生可以和导师或一小群同学讨论这个句法策略。这不是抄袭,因为这不是内容复制,而是帮助他们进入语言范式的"内部"并明确别人是如何在特定的领域写作的。

这个策略可以根据不同领域和不同类别的学术文章进行修改来突出依附于学科领域的习作传统。比如,我们可以修改琼斯的句子骨架,使之从书的骨架变为论文的骨架:

(1) 该论文不同于其他的＿＿＿＿＿＿＿＿＿＿＿＿＿＿＿。

(2) 它在事实讲述和诠释上都不得不借鉴＿＿＿＿＿、＿＿＿＿＿和＿＿＿＿＿。

(3) 从其他层面看,本书也得益于＿＿＿＿＿＿＿＿＿＿＿＿＿。

(4) 在这些作品中你可能会找到对＿＿＿＿＿＿＿＿的描述和分析,不过这并非这篇论文追求的内容。

(5) 本论文要做的是比通常从更广阔的视角来呈现＿＿＿＿＿＿＿,是坚持更稳定的＿＿＿＿＿,更多关注＿＿＿＿＿,更全面地考虑＿＿＿＿＿＿＿;并且所有这些都遵循＿＿＿＿＿＿的框架。

(6) 如果本论文在这些方面都很成功,那成功就要归因于＿＿＿＿＿＿。

之前我们提到,琼斯的作品有力地示范了如何论证研究的重要性。如果把这个框架用在博士论文写作中,我们要更进一步。最终学生们很少在写作中使用句子骨架。但这是建立文字和身份认同的练习,一种带着权威写作的方式。既然我们相信文献综述是身份认同工作的重要阵地,那么这样的策略对导师来说就非常有用,是帮助博士生变得批判和果敢的工具。

小结

这一章节集中讨论了文献工作涉及的阅读及写作。文献综述常常会令博士生感到挫败。他们无法找到自己的位置,因为领域内的专家太多了。他们迷失在大量需要理解的材料中,缺乏有效的策略来系统地组织和维护自己的研究。我们提出了导师在浏览、记笔记以及写作三方面使用的策略,这些策略把文字工作和身份认同工作融为一体。这些策略也包括导师手把手教学的方式,让导师抛开书面批注,和学生面对面地一起写作。

第五章
重新考虑人称

在学位论文里使用第一人称的"我"能够被接受吗？这是我们经常被问到的问题。我们的答案是，尽管"我"的使用曾一度被禁止，但现在的学术圈对其接受程度正在提高。紧接着我们想说，博士生需要了解自己学校的规章制度并和导师讨论这个问题。有时我们竟然发现学生两样都做了却只是想提这个问题来寻求相反的意见。不过，虽然有关风格和接受度的问题可能是博士生认为最重要的问题，但使用"我"并非只是个人选择这么简单，还有认识论、方法论和修辞上的考量。

二十多年前，女权主义学者提出在学术写作中使用第三人称是男性化的手法，意图是创造客观的印象。唐娜·哈拉维（Donna Haraway，1988）把第三人称的使用描述成"上帝的戏法"，意思是这种用法使得研究者无处出现又无所不在。但女权主义学者对此并不买账，她们坚持认为研究者必须明显地出现在文中。有一种让自己出现的方式就是使用第一人称（Jones，1992）。这种对"我"的使用是一种刻意动摇客观概念的政治策略。研究者采用第一人称写作常常招致主观主义的指责，但却有利于加入到有关知识本质和研究者在研究实践中的印记的讨论中去（例如 Alcoff and Potter，1993；Lather，1992；St Pierre and Pillow，2000）。

当然，不同的女权主义者看待语言有着不同的理论，把研究者放置于文本中并不一定意味着要以"我"来写作。不过，站在批判种族主义和后殖民主义立场写作的学者同样主张用颠覆性的自传体式写作来挑战学术文体的中立性（Bishop and Glynn，1999；Denzin et al.，2008；Kovach，2010；Smith，1999）。虚构与非虚构的故事被用来重构过去（King，2003）、批判法律（Lynn，2004）和挑战现有的种族、性别以及涉及权力和特权的社会阶级关系(Barone，1989；Bochner and Eillis，2002；Leavy，2009；Parker，1998)。

其他的研究传统已经将研究对象扩展到自我，目前在社会科学的各个领域都有自我研究的例子(如 Cixous and Calle-Gruber，1997；Cotterill and Letherby，1993；Ellis and Flaherty，1992；Neumann and Peterson，1997；Reed-Danahay，1997)。事实上，现在有专门针对政治/个人维度研究的期刊：《自传/传记》(*Auto/Biography*)(英国阿诺德期刊出版)，《第三空间》(*thirdspace*)(www.thirdspace.ca)和 A/B(威斯康辛大学白水分校出版)。这一类文章都在特定的自我研究文体的形式下使用第一人称，这其中不乏内部的纷争(Burdell and Swandener，1999；Clements，1999；Prain，1997；Sikes，2013)。

我们在全书中也特意使用了第一人称。我们觉得在给同行写的书里使用第一人称的复数非常重要，这可以建立平等的对话。我们想象着通过写作开辟一个对话的空间。我们用第一人称构建文章的解释部分，这样可以让我们的选择和逻辑对读者(也是同行)完全开放。我们也讲述自己的亲身经历，虽非必要，但我们本着的是分享的精神。

我们不想在本章一开始就建议说使用第一人称写作是不合适的，也不希望卷入关于第一人称写作是否恰当的无休止的争论中。但我们真的想说，认为科研写作中的个人维度(the personal)指的仅仅是人称代词这样的想法是错误的。学术研究无法与研究者分开，博士学习阶段必须将个人维度提上日程。在本章中，我们认为博士写作中的涉及的个人维度远比倡导或反对使用我/我们复杂得多。

在讨论开始之前，我们先通过博士论文的案例来了解学生在使用"我"时遇到的困难以及作为导师的我们必须要面对的问题。然后我们考虑如何通过写作来实现重要的"个人"工作。我们着眼于"随手做札记"如何帮助建立反身性(reflexivity)，并展现在以第三人称写作的文本中怎样体现个人维度的。我们建议，导师可以通过有意识地关注评估性和评价性的语言传统来帮助博士生培养突出的个人"立场"。

使用"我"——有问题吗？

有些领域和学科，还有一些方法论的范式，相对而言更多地允许作者出现在文本中。但是博士生使用第一人称通常是出于个人的选择，并没有与他们已经进入的学科共同体相联系。我们可以通过看一些博士生在早期写作的片段来说明这个问题。这些例子毫无悬念地来自他们学位论文中有关方法论或文献综述的部分——在这些部分作者与更加权威的学者社群的关系还不确定或正在形成中。

在萨曼莎的习作（习作 5.1）中，当她讨论自己作为研究者对数据的产生的影响时，"我"的使用非常突出。她的学位论文用实践者的研究设计来探究护士工作的各个层面。我们用下划线标出"我""我的"和宾语"我"来突出它们的使用方式。

习作 5.1　萨曼莎使用"我"

> 另一个伦理问题是研究是由什么构成的。虽然我努力将我的数据限制在通过正式途径收集到的数据，例如访谈，但毫无疑问的是，经由我的日常工作形成的。我的有关参与者的经验和知识会影响我如何解读他们告诉我的东西。这种我被认为是同僚而非上级的情况可能会降低他们告诉我他们认为我想听的这种可能性。然而，这并不会阻止我在阐释他们告诉我的内容时去套用我可能持有的假设。

几乎她的每一句话都包含了两到三处对"我"的主格宾格或是"我的"的使用。作为回应，萨曼莎的导师写道："在这里你也可以引用一些文献，这不仅仅是一个你刚发现的问题。"她的评语击中了要害：萨曼莎的"我"脱开了与前人学者们的联系。萨曼莎想要说明在研究方法论上的困境，但她写得好像这只是"我的问题"。她的文字中没有与更广泛的学者社群和话语互动的痕迹。如果我们思考一下菲尔克劳（1989，1992）的话语模型，这段文字和第三层并没有联系。显然有更多的文献也是探讨在参与式研究中权力与代表性问题，但正如导师在评语里指出的，在萨曼莎的文章中除了"我"，这些学者一个都没出现。

因此，她的文字听起来有些幼稚，勾勒出了一个以个体身份描述自己感受的新手研究者的形象。萨曼莎可能还不知道将自己写入研究中的其他方法，但是她对"我"的使用并没有创造出一种权威的立场。那么，有关指导的问题来了。萨曼莎的个人身份应该在何种时机和频率下明确出现呢？这样做的后果是什么？怎样才能帮助她明白"我"是一种修辞策略或表现形式，而不是对"真实自我"的简单投射？

在下一个例子中，博士生帕特丽夏同样用一套不成熟的"我"的使用方式去建立与相关文献的关系。这里的三个片段选自她有关全纳学校的学位论文(习作 5.2)。为方便讨论,这些片段被编了号。

习作 5.2　帕特丽夏使用"我"

> [1] 蒂尔和彼得森(Deal and Peterson, 1994)言简意赅地指出,领导力本身便自相矛盾,因为它涉及与众多的参与者共事。当我考虑全纳学校的领导力时,我非常同意这一点。
> [2] 为帮助我们略进一步地探究这个概念,我尤为喜欢下面这段话:"人类追求公正的能力使得民主成为可能,但人类对不公的倾向使得民主成为需要(Niebuhr, 1994)。"
> [3] 托马斯和布莱克莫尔(Thomson and Blackmore, 2005)在过程和产物的争论上持有的观点很有趣。他们指出,相对于领导忠诚度,无论是过程还是产物都帮助不大。他们引用了好几个例子来说明,在这些例子中领导力被视为计划(design),偏离了成为过程或产物的方向,并在偏离过程中产生了不同的领导力形式可供尝试。同样,我觉得,相对于全纳教育,处理过程与产物的矛盾最终会要求领导者离开并考虑那些不把领导者置于这些导向中的创造性解决方案。

我们可以把帕特丽夏在文中使用的策略叫做"某学者这么说,我同意/不同意/喜欢他说的"。人称代词"我"强调了研究者的存在。帕特丽夏的观点显露无遗,可是我们有必要知道这些吗? 或者说,我们需要通过这种方式知晓吗? 比如,我们完全可以将段落[2]改成不带"我"的句子:

尼布尔(Niebuhr, 1994)的成果尤其有助于我们进一步探究这个概念。

在这个重写的版本中并没有用"我"将作者从尼布尔的话语中区别出来。相反,她插入了评价性的短语"尤其有助于"来表明自己的观点。段落[3]同样体现了博士生与学术共同体的区隔:"他们这样说,而我这样认为。"帕特丽夏采取了三个连续的步骤:明确争议、诉说作者们的主张以及表明同意与否。不过,如果删去第四句中的"我觉得"同时增加评价的立场会怎么样呢? 新版本可能是:

相对于全纳教育,处理过程与产物的矛盾是重要的一步,因为这要求领导者离开并考虑那些不把领导者置于这些导向中的创造性解决方案。

重写后的版本在评价托马斯和布莱克莫尔时采用了更加明显的权威性立场。而且短语"重要的一步"比"我"展现出更高的文本权威性。这两个改写的例子都证明,即使不用"我"也能清晰表达作者的观点。

这些例子表明,用"我"来把研究者放入文本中并不容易。"我"很容易会被滥用或误用,而作者很难意识到这一点。当"我"被用于个人层面而不是参与学术对话的层面时,则可能削弱研究者对权威性的渴求。最后一个例子表明,过度使用"我"可能暗示研究者比研究本身更为重要。以下的节选出自一篇期刊文章的摘要,作者舒尔茨(Schultz)是一位较为资深的学者;摘要描述了她和作为合著者的学生的工作。

参与研究法将研究重构为合作调查,常常被认为在研究中转变了研究者和参与者的角色、关系以及责任。在<u>我自己的</u>有关城市教育的研究中,<u>我</u>尽最大的可能尝试为参与者并与参与者一起设计研究,而不是把参与者作为研究对象。例如,为了记录城市青少年对他们的教育的看法,<u>我</u>请中学生作为合作研究者加入研究项目。<u>我</u>发现有青少年参与时,参与研究的核心原则就会变得复杂甚至有时问题四起。在本文中,<u>我</u>描述在一个研究项目中我与中学生形成的三种合作关系。<u>我</u>用这个与青少年合作的研究项目来呼吁对参与研究中的合作、参与、行动以及代表的传统概念重新进行思考。

(Schultz,2001:1)

这里的"我"突出了研究者所做的工作("我试图、我要求、我发现、我描述、我形成、我用"),但也可能因此牺牲了研究项目的更广泛的学术价值。强调自我可能被视作过度的自我推销而忽视了前人的研究。这个文本把作者的研究描述成合作研究的最大功臣,这可能是过度使用第一人称代词的意外后果。这有点讽刺,因为研究的主题是**参与**研究——一种强调所有参与者而不仅仅是研究者的研究范式。

过度夸大或过于突出自我也可能会出现在博士生的写作中,虽然就我们的经验而言这种情况并不常见。下面的例子选自查尔斯的论文(习作 5.3),在文中他讨论了构建他研究的主要理论家并阐明研究问题。

习作 5.3　查尔斯用词过度

> 在讨论自我-写作(self-writing)时,福柯与我的观点一致,他认为:"这些实践不是个体自己发明的。这些实践是人们在自己文化中发现的模式,这些模式由人们的文化、社会和社会群体提出、推荐和施加于个人。"

这里面的"我"暗示说,福柯——如果他活到现在——不仅会读到这位学生的论文,而且会肯定它的价值!想到福柯去同意查尔斯的观点这简直是太滑稽了,不过查尔斯倒是认真的。他不是自我吹捧,而只是在宣称自己的权威性:这与我们在第三章看到的试图在晚餐会上谋得一席之地的焦虑的学者身份认同相差甚远。然而查尔斯不知道怎么处理自己的地位。这样过度自信的文本把权力关系推到了极端的情况,同样不利于博士生写出令人信服的文本。这是我们将会在后面讲到的"歌蒂拉难题"(Goldilocks dilemma),意思是我们不知道多大程度的权威性是"刚刚好"。

如何把作者"写进"学位论文中需要细致地考虑文本、代表性以及身份认同的实践。关于这个问题,珍妮特·吉尔洛(Janet Giltrow, 1995)对于学术写作中个人的(the personal)"我"和话语的(the discursive)"我"的区分非常有用。她指出,尽管在发表的学术作品中使用第一人称并不罕见,但其使用也受到一些限制。

话语的"我"描述的是作为研究者/作者的能力。它常常和表示话语动作(discourse action)的动词一起出现,例如:"我想建议";"我想开始";"我会聚焦于";"我以一个讨论开始";"我探讨";"我研究";"我评估";"我结束";"我使用证据";"我提供";"让我下结论(说)"(Giltrow,1995:252)。也就是说,虽然学术文体的作者经常在文中提及自己,但通过文字中的"我"来表现身份认同却很有限。

我们以吉尔洛对于个人的"我"和话语的"我"的区分来组织本章余下的内容。在本章稍后的部分,我们聚焦于话语的"我",并探究多样化的语言资源(代词除外)如何在学术文本中构建作者形象(persona)。不过,首先我们来看看导师如何把包含个人"我"的写作用作教学手段,来支持学位论文中的身份认同工作。

写作传记

许多博士生会拖延写作。他们可能已经完成了本科和研究生阶段的任务,但却常常把"论文写作"看作是一个巨大的障碍。当导师要求他们写自己已经读过的东西、讨论田野工作的方方面面,或是思考与方法有关的问题时,他们就会找借口:读得不够多或不明白该做什么;已经写了一些东西,但只是笔记,还不适合公开。这些拖延的策略未必等同于"我的作业被狗吃了"类似的借口,而是源自(正如第二章提出的)对文字工作/身份认同工作的困惑。

针对这种情况,在师生碰面时留点余地来讨论写作是非常有益的。对博士生来说这样的讨论越早越好。一开始导师可以采用写传记的方式。这对于修课和写论文之间有一段时间间隔的在职学生尤其有帮助。在职学生通常会对自己从事学术写作"游戏"的能力感到怀疑,有些还会抗拒。还有一些人在写作中采用浮夸和别扭的风格,还以为这样才能达到学术的要求。写传记对事业有成的职业人士也有帮助,他们的困难在于,由于习惯了在工作中写简短的总结和概要而无法从职场的权威地位中抽身出来。很明显这涉及身份认同:这些人虽然是资深的专业人士,却也是博士教育中的"学生"。

　　要创作一份写作传记,我们首先要求博士生想出一套描述自己作为作者的形容词。然后,让他们草拟一份在学校和职场生活中曾做过的各类写作的简短历程,无论长短。他们列出的主要是写作类型或特别满意或感到困难的作品。随后,他们在限定时间内,比如 15 分钟,跟我们讲述这个传记。我们用习作 5.4 达里尔准备的传记来举例说明。

习作 5.4　达里尔的写作传记

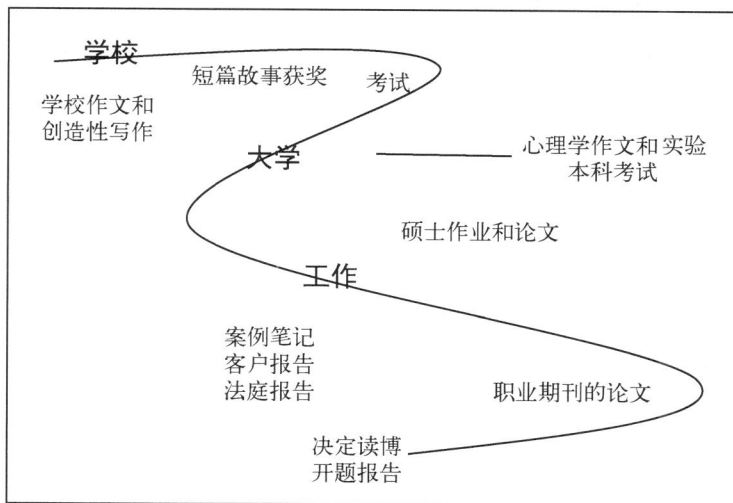

达里尔把自己描述成是自信而迅速的写作者,但却不是一个好的写作者。为此我们马上跟他聊了他认为好的写作者是怎样的。达里尔的导师玛丽则直击他的成见,即认为写作不是人人皆有的"天赋",来解构其潜在的抗拒学习写作的态度并同时强调学习写作需要付出时间和努力。

　　在写作传记中,达里尔将自己描述为一个近期没有多少学术经历的人。他在心理学界的权威地位以及在职场写作文体上的成就不一定可以转变为社会政策领域学位论文写作的能力。当然他在专业期刊写作方面的成功经历可以让他脱开紧凑的报告和案例笔记的格式而写更长的文章,这种文章强烈支持消费者参与针对服务提供的决策。这类文章不要求证据,但在道德和伦理上建议特定的行动方式。

依靠这些信息,玛丽开始就不同类型的写作以及它们不同于标准社会学文本的特点和达里尔展开讨论。玛丽用一篇期刊文章和一篇已经完成的博士学位论文来讨论社会政策领域写作的特性。有学科领域的写作范例非常有用,因为这可以让讨论的问题更加具体,也能辅助学生在阅读时不仅看论点、内容和方法,也要注意文体的形式和写作惯例。

通过与博士生讨论不同类型的写作——包括学生感到精通的、经常从事的和越写越没自信的——导师可以试着解决文本和身份认同的相互建构。导师可以和学生讨论相互建构的问题以及自信与职业身份认同之间的关联,即有必要同时建立学术文本和身份认同。

写作传记同样能帮助导师更明确地把握学术实践。导师可以谈论学术写作的传统并展示为什么在特定学科与院校中写作是"这么写的"。了解这些期待对学者养成是必须的。这当然可以通过言传身教来达到,正如过去学生需要跪拜导师一样。但这个过程可遇而不可求。在学生要交一大笔钱并对导师寄予厚望、导师理应辅助学生按时完成学业的时代,把默会的知识变成明确的知识非常重要,同时要确保这些新的文体形式可以学会。

现在我们转向一个基于传记形式的教学策略。它也涉及个人的"我",并且同样也是"随手做札记"。

培养反身性

一个"反身性学者"(reflexive scholar)并不是隔段时间在日记里或静下来的时候反思自己写作的人。这样的人是反思性(reflective)的,但不是反身性的。

字典对反思性和反身性的定义很清晰地把二者区别开来。根据《麦夸里字典》(*The Macquarie Dictionary*)(2009)的定义,具有反思性指的是认真思考,而反身性则是把行为的主体和客体合二为一。因此反身性学者会把用在研究数据上的批判性立场、拷问和对成见的拒绝同样用在自己的写作上。反身性性格的形成从深层次来说关乎学术行为和学术做人，涉及研究者的个人维度（the personal）和研究者个人（person）：反身实践的"我"既是个人的也是话语的。

反身性意味着在个人陈述中寻求社会的因素，询问特定的事件、类别和假设是如何通过话语、文化、政治派别和社会实践被生产出来的。这意味着我们要学着不把一直描述自己身份认同的方式视为理所当然，也不把我们舒服地（再）产生的"我们如何成为什么样的我们以及我们是谁"的故事视为理所当然。反身性也意味着审视我们可能延续的某种特定的权利关系，以及推进特定的命名和讨论人、经历和事件的方式。因此，反身性涉及批判性的自我拷问和介于福柯的层次 1（文本）与层次 3（社会实践）之间的话语行动。

许多博士生会满怀热情和信念带着自己的研究课题来找导师。例如，在护理、商业、社会工作和法律这样的领域，有的学生从本科开始就是"非传统"高等教育参与者，而现在想要研究参与高等教育的障碍。也有学生过去是老师，想通过博士学习改变学校中特定学科的教学方法。还有热情高涨的女权主义/反种族主义倡导者，希望自己的博士研究能对社会做些改变。

作为导师，我们的工作不是改变他们的热情或意图（实际上我们支持为社会公正和发展所做的工作），我们的任务是确保博士生检视他们关心的话题**如何**包含了先入为主的假设和在研究中带入的偏见或阻碍他们"看到"摆在面前的笔记中的东西。换句话说，我们的工作是帮助博士生寻找和探测他们的盲点。为了培养德拉蒙特（Delamont）和艾金森（Atkinson, 1995）称为"与熟悉作战"的反身性，我们发展了两个策略：批判性问题和批判性事件。

批判性问题

我们要求博士生写 1-4 页有关他们为什么想要开展某个研究的原因。为什么是这个话题？为什么是现在？随后我们要求他们生成一系列盘问自己文本的批判性问题。他们写下问题和答案，然后跟导师讨论，在讨论之后重写文本。

这一策略尤其适用于那些用很强势的语言来描述"我是谁"和"我如何成为现在的我"的学生。这鼓励他们去思考社会结构和文化的因素（菲尔克劳的第三层）是怎样在自己写的身份认同文本中运作的。下面我们以莫娜文本中的一段（习作 5.5）为例来说明。莫娜是社会工作领域的博士生。

习作 5.5　莫娜的个人写作

> 　　我想通过我的叙述性写作从顺从的圈中释放！！！并且帮助我从所做的和所知道的事情中找到价值。我正寻找新的自信去冒险、去批判性地审视自我和我的组织并抗议狭隘、制约和冷漠！我想提出关于组织流程的问题并考虑我需要采取什么行动来重塑……提供给客户的体验。

在文中莫娜将自己设为一个组织的改革者的角色。为了帮助莫娜更具有反身性，导师彼得要求她就已创建的类属和表达的愿望提出问题(习作 5.6)，以此来解构她的地位。

习作 5.6　莫娜的反身性问题

> 　　● 我是根据什么得出这个组织狭隘、制约和冷漠这样的观点？在这个机构中有反例吗？
> 　　● 考虑到我批判的实践和与之不同的实践，我现在有什么想法吗？
> 　　● 我的改革者立场可能为组织做些什么？
> 　　● 我怎么能知道客户是否希望组织按照我认为必要的方式做出改革？

在问这些问题时，莫娜采取了两个重要的步骤。首先，她超出自己的个人叙述来考虑更广阔的语境，即她工作的地方。她提出有关权力与权威的问题并问出了在日常职业生活中自己一般不会问出的问题。她考虑到别人可能看法不同而且别人的观点可能相当合理。因此她开始将自己置于便于开展访谈的位置，这样她可以"听到"别人不得不说的东西，并且对其他的思考/存在方式持开放态度。

其次，莫娜很相信所有的写作都可以被解构和拷问，包括她自己的。对博士生而言很重要的一点就是，要明白自己的文本只是一种表现形式，是真相的一个版本；它是作者选择的产物，是话语性的。这种表现形式可以被重塑，选择可以重新做，而话语可以被追问。

批判性事件

帮助培养反身性的第二个策略是"批判性事件"，这是从大卫·特里普(David Tripp，1993)那里发展而来的。特里普讨论的批判性事件并非创伤性事件。他认为，事件是由于我们对它们提出的问题的性质而变得具有批判性的。在特里普关于批判性事件的作品中，学生们用 1－2 页的篇幅写一个自己经历过的，似乎体现一个特定话题、主题、问题和态度的事件。特里普认为写下来的叙述之所以重要是因为它让经历形式化，并且允许提出问题和重塑。他鼓励后续版本的写作，这样可以通过与最初版本的对比来发现讹传。反身性的出现是通过作者

尽力去理解他们正在研究的所谓"客观的"物质世界，以及探究他们不断发展的理解如何去改变自身以及改变一系列的关系；这些关系不仅包括与正在观察的物质世界的关系以及和世界中的知识的关系，也包括与他们观察和理解物质世界的方式之间的关系。

（Tripp，1993：39）

博士生可以做同样的练习。用 1-4 页纸的篇幅写一写"直击"博士研究中专业或日常的困境。困境不需要撕心裂肺，但必须是让人困惑、生气或忧虑的经历。用第一人称写。

这种叙述不同于学生所想的"学术性"写作。但是超过学术边界之外的写作常常能让博士生在写作中呈现更为自信的"自己"。我们通过比较同一个博士生的两段文本（习作 5.7）来说明这一点。萨迪是一个学校的校长。萨迪的批判性事件汇报了一个发生在她学校的事件，而她的第二份文本来自她学位论文的文献部分。

习作5.7　萨迪的两个文本

> **批判性事件：萨迪**
> 五岁艾米的愤怒充满了我的办公室。这是周一早上 9:15。这个早上艾米在她的班级里逗留了不到一个小时。她迟到了，其他同学已经收拾好书并点好了午餐。她被她的书桌边上水箱里的鱼迷住了，就蹲下来想看一眼。乔试图挤进去到托盘那边，却碰到了艾米的胳膊。艾米立即还手推乔，乔撞到另一张桌子。乔受伤并开始哭泣。
> 艾米很了解这个系统，她在短短的在校时间内已经测试过许多次。
> 艾米被要求道歉，但她拒绝了。
> 艾米被送去隔离，但她拒绝了。
> 老师派一个孩子到我办公室来找我。
> **文献讨论：萨迪**
> 施特劳斯和科宾（Strauss and Corbin）（in Mellor，1998：461）解释说，"通过职业或个人经验来选择研究问题这条路可能看起来……是危险的。"梅勒引用穆斯塔基（Moustabis）对自己孤独感的研究，认为它是"启发式研究……这涉及自我探寻、自我对话以及自我发现；研究问题和方法论都从内部意识中流出"。正如穆斯塔基所说，"我的启发性研究旅程开始于我生活经历中呼唤我的一些东西，我跟这些东西有联系也有短暂的意识，但其性质基本上是未知的"（Mellor，1998：461）。

这两个文本所传达出的权威性是不同的。在第一个节选中，艾米是故事的焦点。萨迪使用有力的短句来描述发生的事情。她能够简洁生动地刻画出艾米的画像

和她的举动,并暗示一些事关利害的问题。萨迪出现在文本中,但不是以自觉的方式出现的。她只是故事中的人物之一。

在第二个节选中,萨迪讨论了实践者做研究的困难。但是她把学者而非他们讨论的观点作为句子的主体。文本中缺少强有力的叙述来带动读者,而是用"他说,他说,他说"的形式。作为讲述者,那个自信的、来评判和决断行为的萨迪不见了。尽管她没有像我们之前读的帕特丽夏和萨曼莎那样在文中使用幼稚的第一人称"我",但她也隐身在所引用的学者之中,没跟他们建立关联。

简单讨论萨迪两个文本之间的差异是不够的。导师面临的挑战是如何激活第一篇里那个无所不晓和自信的作者让她能以同样的自信写文献综述。或者反过来,萨迪如何"利用"文献把她的批判性事件重写成更理论化和不太个人化的叙述。在这两种情况中导师都需要重置个人维度(the personal)(Kamler,2001)。这样才可以创作出不那么个人化的写作,并将个人置于社会/机构的实践和话语中(菲尔克劳的第三层)。我们已经尝试了很多策略来推动学生叙述向这个方向发展,即从第一层到第三层再回去。这样的文本是学生跟导师讨论的基础。

一种策略是要求博士生用第三人称重写他们的批判性事件。不用"我"而用"他""她"或"他们"来复述故事。这创造了文本距离(textual distance),可以让作者重新体验那段经历,就像发生在别人身上一样:范例可以参照豪格(Haug,1987)或凯姆勒(Kamler,2001)以第三人称叙述的文本。我们还要求博士生考虑故事中其他人物的立场和观点。萨迪就是这样做的,她从艾米小朋友的角度重写了故事。

第二种策略是提供给博士生可能帮助他们摆脱纯粹个人偏见的重要读物。这个练习对于那些很难听出与自己截然不同的观点的学生来说不容易,但却非常重要。考虑附着于他人立场上的逻辑和情感是访谈研究的有用先导,既可用于实际访谈,也可用于后续的分析。不过,这个策略对于像萨迪一样易于接受反身性工作的学生也很有用。

萨迪从艾米的角度重写故事之后,萨迪,作为校长,发现自己是一个非常强大的人物。她也明白了为什么从艾米的角度看这不仅仅是一个事件,而是艾米与学校教育持续斗争的一部分。随后,萨迪的导师建议她阅读康弗里(Convery,1999)的一篇文章,该文章指出教师们经常在叙事中用尽可能最好的方式描绘自己。他们倾向于讲述有关自己、经历和动机的"舒适的故事"。在读完康弗里的文章之后,萨迪思考以下问题来更深入地描写"自我":

- 如果这个叙事不仅事关个体,也关乎社会/机构的关系和实践,那么后者具体是什么?

- 这件事情涉及什么利害关系? 关乎谁的利益?

- 其中的权力关系是什么?

- 谁可能从这一事件中受益,怎样受益?

- 这种情况(冲突、困难、做事方式)是如何形成的?

- 什么话语可能产生这种叙事?

- 在文中有没有一个理想(化)的人? 这个理想是什么?

- 有可能有不同的叙述吗?

萨迪的书面回应(习作 5.8)表明,她比第一次讲述办公室里发生的事件时有更大程度的反身性。

习作 5.8　萨迪反思性的写作

> 　　对于为什么选择这个特定事件我想了很多……选择的原因之一是这与康弗里的观点相契合,即为了表现有魅力的身份认同。我想这个故事和我讲述的方式展现了我对平等、合作与各类关系的关注;但是我对一所小学里地位和权力的政治层面并未有太多涉及。本来我可能展开一个完全不同的故事、完全与我的魅力无关的故事! ……
>
> 　　康弗里的作品一针见血。从自己的视角写完故事之后我去读了他的文章,随后我意识到我确实把自己写成了想要成为的那种校长。在述说中我选择了这个事件的特定层面。为了创造个人身份,我漏掉了故事的重要方面。用康弗里的话说,就是"我的叙述不仅仅是对一系列明确的个人经历的回忆和独白;通过选择、组织和呈现个人经历,这些故事提供了展现我道德个性的机会……(Convery, 1999:132)"我想,在叙述中我用了"自我肯定策略"来解释而非探究我的意愿和实践(141)。我在构建这一情形的叙事时用某种方式——排除或粉饰——掩盖了一些困难和政治性问题。

　　通过撰写这篇文章,萨迪意识到一篇先入为主的叙事说明了她对社会公正的投入,但忽略了学校情境下重要的权力关系。透过批判性事件的表面,鉴于校长在一个继续(再)生产不平等的教育系统中的高位权力,她最终写成一篇更复杂的有关校长在处理社会公正时所面对的困难的叙事。这种理念是与校长同事们进行田野工作的重要前提。

　　与她早先那篇节选相比,萨迪调动文献的方式也有一个有趣的转变。在新版本中,她突出了康弗里的相关观点,虽然直接引用康弗里的原话,但康弗里本人并不是主要角色,他的观点才是。萨迪正在与康弗里对话,但她掌控着对话。我们认为博士研究生必须**使用**文献而不是被文献左右,这就是个很好的例子。

另外,我们在这篇日记中看到的是对专业身份的有效拷问。萨迪把学术实践带入校长的身份中,并指出这是一个舒适的组合。在这个操作中,我们看到了批判实践者研究的一个特征,它必须具有反身性,以便挑战自然化的行为、思维和说话方式。

必须重申,写这个文本的目的不是为学位论文写东西,而是"随手做札记"。这样的写作通过塑造学者性格来帮助培养学者。它有助于产生研究者"立场"。它从个人出发来达成学术工作和建立学术实践的目的。

当然,这样的工作有可能用在论文上。有时论文以第一人称的叙述开头。这样叙事的目的是将研究人员置于研究中,让他们的激情和投入显而易见或者追溯研究问题的发展和演变。但是,论文中的叙述常常缺乏批判。它们是点缀着个人的"我"的个人叙述,既不吸引读者也缺乏认真的思考。这样的叙述不会像萨迪那样逐渐转向话语的"我"。

为了促进批判性和反身性的工作,博士生可以翻看过往的学位论文和自己的论文,也可以和同学互换论文,来了解个人维度(the personal)是怎样使用的,并可以借助以下这些分析性的问题:

- 研究人员被置于前景还是背景?她/他用了第一人称还是第三人称?
- 研究人员生活/经历中的哪些故事被选择?这些选择有什么效果?
- 这些故事如何阐明论点?这些故事有可能会折损研究吗?

邓利维(Dunleavy,2003)认为,真正为原创知识做出贡献的是个人印记和学生看待研究问题的角度。我们认为,博士生要原创就必须出现在论文之中。文字工作和身份认同工作不可分割。那么问题是,学生该如何呈现自己呢?

我们用阿米纳斯·迪迪(2012)(习作5.9)的法律博士论文摘要来总结本节。我们用这个例子来说明如何在定位论文和提供概览的重要信息时合并个人的和话语的"我"。这个节选出自小标题为"我的人权之旅"中的一节。

即使仅阅读这三段文字也可以感觉到研究者如何、为什么要做她的研究项目以及她深度的个人投入。同时,文本提供了有关她要调查的社会和政治问题的重要信息。可见个人维度和更广泛的研究背景不可分割。

习作 5.9　熟练使用个人的和话语的"我"

作为监狱监督委员会的成员,我在 2004 年和 2005 年初对监禁机构的频繁访问让我大开眼界。我对被监禁的人数特别是年轻人的人数感到震惊。尽管马尔代夫年轻人的人口比例显著高于其他年龄组——其中青少年人口占总人口的 49%(MYDS,2005：12),人口中位年龄为 21 岁(MPND,2006)——监狱里的青年人所占比例却比其他任何年龄组高出太多。这似乎与我作为马尔代夫年轻人的个人经历形成鲜明对比。

当时,尽管学校和其他教育设施的数量是有限的,大多数年轻人要么去学校,要么从事生产性的工作以养家糊口。他们主要从事渔业或农业活动,尤其是在除马尔岛以外的岛上。然而,在我访问监狱期间,我遇到大量与毒品罪行有关的年轻人。吸毒在马尔代夫曾经并仍将是一项刑事犯罪,所以大量的吸毒者最终进了监狱。同样,相当数量的人因为政治原因——发表不满和反对政府的言论——被拘押。对政府的异议或批评导致任意逮捕和在保安部队手中遭受酷刑的危险。有零星证据表明,这在马尔代夫是长期以来的惯例,直到纳希德总统的现任政府于 2008 年 11 月上台时才终止。2004 年至 2005 年间,我访问监狱的时间恰逢政治动荡、政治激进主义和国内有组织的反对派时期。因此,在我多次到监狱访问期间能够遇到许多在黑色星期五示威后被捕的政治异议人士和亲改革者。

它也让我看到了政府的残暴和专制性质,以及在我受过教育的澳大利亚和英国等大多数西方自由民主国家中认为理所当然的基本自由的缺失。我想从人权的角度了解马尔代夫的治理体制到底出了什么问题而造成人民与政府之间的不和谐。这份好奇心在政府未能就监狱监督委员会提交的多重报告采取行动之后变得更加强烈。

(《转型中的马尔代夫：人权和异见者的声音》　科廷大学 2012 年博士论文,5-6)

建立可信的人物角色

为了具有说服力并使自己的观点为学科共同体所接受,博士生需要与读者建立适当的社会联系。这和观点的相关性和合理性一样重要。建立适当关系涉及**在文本中建立可信的人物角色**(credible persona)。我们使用**人物角色**(persona)这个术语来表示这是一个文字上的步骤。

在本章开头我们看到博士生用"我"在文中建立人物角色,但并不总是与学术共同体的实践相关,而且并不总是有效。我们认为这是因为他们使用的是个人的而非话语的"我"。现在我们的问题是：不同的学术共同体用怎样的实践来构建知识,以及这些实践如何影响人物角色的塑造?

肯·海兰(Ken Hyland,2000,2002)有关**作者立场**的探讨有助于明确这些问题。海兰是一位研究学术作家如何在作品中展现自我的语言学家。他认为,学术写作者从来不只是传播信息、想法和知识,他们还表达"他们的诚信、可信度、参与度以及与他们的主题和读者的关系"(1999：101)。他们用语言传达对于自己所说的话的判断、想法和专注程度。他们可以夸大或弱化结论和批评,可以表达惊讶或重要性,有时直接与读者对话。

　　写作的这一交互性常常被博士生忽略,但交互性很重要,决定着论点是否会被认为具有说服力。我们鼓励导师多了解海兰的观点,即虽然更严肃的目标是传播文本的内容,但作家的立场并**不是**次要的。采取什么立场可以有所选择,而选择因学科不同而各不相同。图 5.1 展示的海兰给出的一些用于创建作者立场的资源。这种分类方案明确了博士生可以用来构建作者立场的各种语言特征。海兰收集了来自 8 个学科 7 个主要期刊的 56 篇研究文章,以了解这些特征如何被不同的话语实践共同体使用,包括微生物学、物理学、市场营销、应用语言学、哲学、社会学、机械工程和电子工程。

　　语气缓冲词包括"可能""也许""或许""认为"等词,它们明确地描述作者对一个观点的投入。这些词可能表现不确定性并表示呈现的信息是观点而非事实,或者对更有经验的同行提出的观点表达顺从、谦虚或尊敬。
　　语气强调词包括"显然""实际上""的确""很明显""当然"等词,用于表达作者确定的态度和强调某个观点的说服力。这些词语强调与听众或所在群体共知的信息。
　　态度指示词以更加多样的方式表达作者对观点的情感态度。例如,它们可能会表达惊讶、责任、赞同或重要性。它们几乎总是与表示态度的动词(我同意、我们倾向于)、表示必要性的情态动词(应该、必须、一定要)和副词(不幸的是、好在)一起出现。另外,态度还可以通过将某些特定的词语加上引号或者使用斜体和感叹号的方式来表示强调。
　　关系指示词是直接和读者对话的工具,用来吸引读者的注意力或增强他们的参与度。其形式包括使用第二人称代词("你可以看到")、抛出问题("这将引向何方?""我们怎么理解这个问题呢?")、使用祈使词("考虑""回想""注意")等;另外,还有一些可以直接与读者对话但可能会打断文章行文的方式("这对某些读者来说很熟悉……")。
　　人称指示词指的是文章中作者存在感的高低程度。其形式包括使用第一人称代词("我""我们""我的")和物主代词("我们的""我的")来呈现和个人观点、态度以及人际关系有关的信息。代词系统让作者能够以主观的("我们相信""我的分析涉及")、人际的("我们可以从这点看出""让我们考虑")或客观的("有可能……""数据显示")角度呈现信息。

图 5.1　海兰用于建立作者立场的资源

(本表借鉴了 Hyland, 2000：111 - 113 和 Hyland, 1999：103 - 104)

　　海兰发现,立场是所有文章的一个重要特征,这证实了"学术写作并不是它通常被认为的无个性的话语"(1999：107)。**语气缓冲词**最为常用,其次是**态度指示词**和**语气强调词**。在所有学科中,**人称指示词**和**关系指示词**在各学科中均使用较少。也就是说,在大多数学科中,经验丰富的作者并没有通过使用第一人

称或直接与读者对话。相比之下,博士生主要依靠人称指示词——这常会产生不想要的效果。

　　海兰还发现,自然科学与人文社会科学在使用立场特征和表达方面存在明显的学科差异。所以,应用语言学、市场营销、哲学和社会学的期刊比那些理工科期刊多出近30％的立场表达。这证实了自然科学倾向于产生更多非个人文本的刻板印象。但它也反映出这些学科中不同的知识和论点结构。

　　例如,自然科学论文的语言报告体系就比社会科学更加正式化。这使自然科学的作者能更精简地提出论点并最大程度降低自己在文本中的出现。虽然所有学科的作者都会用语气缓冲词来修饰自己的观点,但海兰发现自然科学领域内的作者在给出个人判断时一般会使用不那么明确的缓冲词。以下的例子摘自海兰(1999)的数据库。

　　显然有必要使用改进后的设备结构并运用……(电子工程学)

　　在模拟研究中,必须检查计算中的任何限制情况。(物理学)

(Hyland,1999:116)

　　海兰认为,在社会科学中,作者将更多的精力用于吸引读者和修正论点以适应学科公认的视角。他们更倾向于通过使用动词——例如"认为""怀疑"和"觉得"——来表达自己评价的主观性,这种词都带有一种个人猜想的意味。

　　我认为有些关于社会运动的思考方式可能会富有成效……(社会学)

　　基于此次实验性调查,我想到以下有关……的启示(应用语言学)

(Hyland,1999:117)

　　海兰发现,自然科学和理工科的作者更倾向于使用诸如"表明""暗示""意味着"之类的动词,这些词强调信息的可靠性而非人为的确定性,让作者与自己的观点拉开距离。

　　此代码方程意味着……(机械工程)

　　……测量结果和计算结果匹配度很高,这表明……(电子工程)

(Hyland,1999:117)

　　或许海兰最惊人的发现是有关第一人称指示词"我"和"我们"——这显然关乎我们对于学位论文中使用个人维度的讨论。虽然我们一般把使用第一人称代词关联到社会科学,但海兰发现生物学和社会科学差不多,并且物理学家比语言学家或社会学家更多地使用第一人称。

不过,更细致的研究发现,学科差异依然起作用。自然科学中使用第一人称是为了构建文本和呈现作者的决定,很少用于表达在某研究问题上的个人立场。而在社会科学中,人称代词更多地和"认为""觉得""相信""提出"这样的动词连用,从而将作者的观点归为个人看法。与此相反,理工科论文中的"我"和"我们"更多和"化验""测量""分析"这种与实验性活动有关的动词连用,或者和"指出""讨论""指的是"这类词连用,以便建构文章脉络。

海兰的研究显示,学术研究作者在使用"我"这个令人费脑筋的词时,运用了各种相去甚远的方式。但这并非一个是或否、开或关、理工科或人文社科的问题。作者必须做出选择,是要凸显还是轻描淡写他们在"创造文本和知识"中的参与(Hyland, 1999:119)。确实有相关的社会惯例来指引这些选择,但这些惯例并非严格的行为准则。它们限制而不能决定不同学术共同体的语言选择。

导师的指导与个人

导师和学生应该对惯例的运作方式有更清醒的认识。但是,遵循惯例的过程并非如克拉克和伊万尼克(1997:143)所说的"完全自由"。它还取决于作者的社会经历、"经验和与特定团体的联系"以及"来自遵循院校情境中某种文体受推崇的惯例的压力"。和导师讨论这些话题非常重要,实现方法之一是把已发表的学位论文作为真实的例子。

本部分的目的在于帮助博士生跳出被过度简单化的理念,即学术写作需要客观化,或者说建立作者人物角色的唯一途径就是用"我"。下面我们对比两篇学位论文的开始段落来举例说明。两篇都有效地使用了人称代词"我"来构建权威的人物角色,并把研究者的经历与研究问题结合起来。第一个例子(习作 5.10)摘自《法学中的学习素养:构建法律的主观性》(Maclean, 2003)。

习作 5.10   在论文中使用人称指示词

> 本论文源于我和一群同事在 1994 年进行的一个项目,那个项目旨在研究大学一年级本科生的学术写作水平。学生为达到大学写作要求所经历的困难众所周知(Ivanic, 1998;Lea and Stierer, 2000)。作为擅长话语分析的写作老师,我们相信我们能为其他院系的同事提供一些方法,让他们能帮助落后的学生。
> 这个关于学术写作的项目结束后,我决定做更进一步的研究,用本论文重点关注学

生的法律话语。我的选择反映了影响那个早期项目发展方向的因素。选择法律作为研究焦点是受到了其语言特征的影响。"语言是法律和法律工作的核心技术与核心话题（Dingwall，2000）。"法律非常关注语言及文本，因为语言和文本不仅是用于实现行动的工具，还是表征的媒介（Phelps，1989）。事实证明，我正在使用的语言和话语分析方法反映了这些观点，在研究中发挥了很大的优势。

　　在这两段中作者三次使用"我"，两次使用"我们"，但并非每个句子中都有人称代词。每次使用人称指示词都达成了一个特定目的。第一次指明了论文的起源——研究从何而来。第二次作者将自己过去的研究和本论文的研究联系了起来。第三次强调了研究者在方法论上的可信度。每次使用"我"这个话语词汇时，都显示研究者有章可循。读者一开始就确信这篇论文出自一位对自己的研究驾轻就熟的研究人员之手。作者的主张从一开始就被划定得非常清晰。

　　第二个例子（习作 5.11）选自一篇题为《通过实践叙事进行职业学习》（Hogan，2005）的学位论文。我们仍然来看作者如何熟练地使用"我"和"我的"为作者和研究项目开出一片领地。

习作 5.11　在论文中使用意义不定的"我"

　　本研究开篇是一些老调陈词：几乎所有我了解的关于教学的内容都是从各种故事中学到的，既包括其他老师和学生的故事，也包括基于自身经历重构的故事。我的很多经验性的叙事都是为别人讲述或为别人而写，但更多的只在我的脑海里呈现，以便理清各种事件和不同印象导致的混乱，将其变得条理分明并且富有意义。和文化的各个层次类似，教学也具有互文性；有关我的教学生涯的长篇叙事是从我观察到的、读过的或者听说的别人的故事那里组成的。或者用蒂姆·温顿（Tim Winton）的比喻来说，这些故事为我职业生活的河流提供了"垃圾、营养物质和色彩"。

　　本论文包含目前常见的一种观点，即实践叙事是教师不断构建的职业身份认同的核心。叙事是一个强大而有活力的工具，教育者（和其他人一样）通过这个工具来感受作为特定社群成员的意义。通过共同的故事，社群的规范以及期待和恒久的价值观得以传播，问题和阻碍被设定成可以理解的方式，最好的（和最差劲的）实践者的事迹则被保存在传说里。故事的功能是维持某些实践、价值观和想法，但矛盾的是，故事通过让教师想象其他工作的方式也会促进变化的发生。如果我们接受实践叙事是教师解读自己工作的主要途径且讲述是一个基本的社会过程这样的观点，那么叙事教学对塑造教师的身份认同和实践将发挥重要的作用。

　　在这个例子中，我们只在第一段中发现了第一人称指示词。虽然在几乎每个句子中都涉及了自我，但其目的在于吸引读者。对于"我的叙事""我的脑海""我的职业""我的生活"的提及构建了读者和作者的关联。研究者将自己定位为一个拥有很多故事的教师,并使用比喻生动地对自己的职业领域进行了想象。在第二段中,作者消失得无影无踪,转而论述叙事的力量和自己选择的方法论。

两位作者都建立起了引入读者的联系,即论文与他们之前所做研究的联系、与他们职场生涯的联系、与想进入的话语共同体(法律、教育和叙事研究)的联系。这和我们之前的例子不同,当"我"的使用带有特定目的时并不会过度个人化。正是话语的"我"引导读者并把研究与学术界和学术实践连接起来。这是差异的根源。

小结

博士生常为人称代词"我"感到困扰,担心用这个词会让文章显得"不够学术"。我们认为既有个人的"我"也有话语的"我",两者都可用于显示研究者在文本中的定位以及该研究在学界的定位。对于个人维度的反身思考可以帮助博士生发展立场并推进研究。导师可以使用很多策略来促进文字工作/身份认同工作,包括写作传记、使用批判性问题和事件以及研究优秀的学位论文。一旦导师将人称问题作为研究对象,就可以帮助博士生在学科规范下恰当并自信地写作。

第六章
给导师的语言学工具箱

本章为导师们介绍一些语言学工具。我们认为熟练运用语法可以使博士生的写作更加连贯、生动和清晰。不过，如果导师想帮到学生，就需要一种元语言，即用来谈论语言的语言。我们需要一套工具来进行"考古"——去深挖博士学位论文写作，去了解它如何实现以及怎样才能让它实现得更加有效。

论文写得不好很容易分辨，但指出写作的难点或提出修改策略就太难了。给出诸如"这一段需要更集中"或"论点要更尖锐"的建议是很不精确的，因为类似的建议并没有告知学生怎样做才能改进论文。我们写作本章的宗旨就是帮助导师为学生提供更加具体的修改建议。

有关毕业论文写作的诟病常见于语病太多或文法不合习惯。文法不当常常和文法错误混在一起。因此，我们想在本章一开始就澄清语法的含义以及我们的教学法不同于强调规范和规则的传统语法的地方。

从语法的功能入手

语法从来都不是中性的。语法总会以一整套划分世界的规则来预先设定我们如何表现和塑造经历。特里·施瑞戈德(Terry Threadgold，1997)认为，没有一条语法是客观或绝对的，任何语法只是一套把结构和意义强加给语言的类属体系。语法不在"人的头脑中"，不是精神实体，事实上人们也并非依据规则创造语言。语法是人们在语言发生之后试图描述它而创造出来的、可观察到的一些语言的常规。但语法能做到的只是折中而缺乏精确度，它富含构建语法的语言学家的先入之见。

我们的观点是基于社会符号语言学家迈克尔·哈利戴(Michael Halliday，1985)建立的系统功能语言学。系统功能语言学不同于我们很多人在学校学过的或畅销书里提到的"新"语法等诸如此类的传统的、规定性的语法。它更关注有关人们怎样使用语言和语言如何组成有意义的语句之类的功能性问题(Eggins，2004)。功能语法不强调正确用法和正式规则，它认为语言是社会实践(见第二章)，使用语言是为了完成社会性行动。

语言，尤其是写作，会产生行动，这些行动与其他行动和实践密不可分。在高校，这些实践建立在一系列复杂的学科话语、价值观和身份认同之上(Lea and Street，1998)，学会这些需要时间。功能语法能帮助导师们更明了这些实践，从而能更好地帮到博士生。

博士生在学位论文上得到的建议常常具有普适性。佩里(Paré)、斯塔克·梅林(Starke Meyerring)和麦考派(McAlpine，2009)指出，导师给学生的建议在太多时候都宽泛过头和模棱两可。"学生被告知需要增加、缩减、改动、删除那些对读者意义不大或华而不实的语句(Paré et al.，2009：185)"。

以下有关"成熟的学术语句"的规则很好地诠释了这种"模棱两可"。这种规则既没有涉及相关学科知识，也没有与需要这种写作风格的读者关联起来。

1. 合并短句……2. 主要观点放在主句中……3. 缩减"和"的使用……4. 施动者放在主语位置并使用动作动词以达到清晰干脆……5. 避免在主语和动词之间使用太长的修饰语……6. 避免使用从句套从句……7. 修饰词要恰到好处……8. 避免过度使用被动语态…… 9. 时态要一致……

(Glatthorn，1998：117 - 119)

这样的规则列表把写作看作是机械技能，把语法看作评判正误的技术。这绝对不是我们对待语法的态度。我们认为毕业论文的终稿一定不能有语法错误。但是，写作不能流于字面的特征和只满足于语法上的正确。

难以置信的是，虽然博士学位论文可能是学术界最高水平的学术成就，但各大学网站仍然把注意力放在字面上。这可能跟博士生群体日益多样化(Pearson，1999)以及由此带来的多语言和多文化有关(参照 Paltridge，2004 有关第二语言写作的翔实叙述)。随着美国、英国、澳大利亚和新西兰的大学要求学生使用标准英语写作，越来越多的人开始担忧怎么才能帮助学生实现这个目标。而"语法"常被当作是解决方案，虽然要解决的问题比想象得要复杂得多。正如帕尔特里奇提出的：

写博士学位论文对于母语和非母语的学生而言都是艰难的历程。学生可能有足够的语言能力应付博士学习，但还未掌握在各自论文写作的特定情境中所需要的文字知识、文体知识和社会知识（Bhatia，1999）。

（Paltridge，2003，92）

字面特征（例如拼写、主谓搭配、时态一致）和排版（例如页边距、空格、标题页、字数）之所以受到不相称的关注是由于它们是最显眼和最容易谈论的。大部分导师并未参加过教习写作的正式培训。

本章为导师提供一些可以融入现有时间和学科知识的语言工具。我们特意把重点放在名词化、主动/被动语态和情态上。我们给术语配上具体范例，以阐释语言学层面的知识如何运用在学术写作之中。

要进行这样的讨论，确定语言的专业程度总是很难。我们折中的方法是，提供的信息比语言学家要求的要少，但比导师马上能用到的要多。这样做的主要原因是我们想建立适合多种用途的弹性资源。我们给的是一个工具箱，而不是一套规则。

众所周知，学术写作通常很深奥，充满抽象概念，有时很难读懂。用来形容这个特点的术语叫做"名词化"（nominalization）。要想理解名词化以及为何和如何使用它，首先要探究口语和书面语的差异。

口语与书面语的差异

口语和书面语在语言学上的差异主要体现在书面语更加名词化。名词化的意思是书面语的大部分内容以"事物"或名词的形式出现。而在口语中，大部分内容都以动作或动词出现。请看下面的例子。

假设我们在上班路上遭遇了车祸，从而导致上课迟到了。我们提心吊胆地冲进教室，心里觉得让学生等了一刻多钟很不安，于是就说：

"非常抱歉我迟到了。不过我真不敢相信居然发生了这样的事！我在高架上开车，然后阳光刺到我的眼睛，阻碍了我的视线；然后路况实在是比平时糟糕，然后我的头在痛——因为昨天晚上陪儿子看录像看得太晚了。然后就撞车了。前面的车急停，然后我直接追尾，然后后面的车追了我的尾。然后现场一片混乱,一团糟。"

但是,如果我们冲进教室,说下面的话,学生会怎么想呢?

我对自己不得已的迟延深表歉意。此次令人遗憾的事件主要是由于高架桥上三车连环相撞所致,而事故有三个可能的成因:首先是刺眼的晨光;其次,早班异常紧张的路况;第三,由于昨晚履行父母职责而造成的头痛所导致的注意力分散。

我们可能会被认为是神经质或"老学究"。就是这样,因为这样的语言在这个情境中是极度不合适的。语法和句法都对,是准确无误的语言,但听起来"大错特错",因为在风格上更像书面语而不是口语。

我们想说的是,在上面两个例子中语言的组织有所不同。第一个例子中,口语的结构更加多变。从句和一连串的"然后"一起使用,一句连到另一句到下一句,把一连串的想法叠加起来。第二个例子中,句法更加紧凑,对于事故的发生给出了三个精简的原因("首先","其次","第三")。所有表达讲述人情感的词语被移除("不敢相信""一片混乱""一团糟"),而只用了一个简洁的短语("令人遗憾的事件")来代替。更重要的是,动作变成了事物,例如"迟到了"变成"不得已的迟延"。

表 6.1 演示在两个范例中动词(或动作)如何变成了名词(或事物)。

表 6.1   从动词形式到名词形式

范 例 A	范 例 B
非常抱歉我迟到了	不得已的迟延
阳光刺到我的眼睛	刺眼的晨光
路况实在是比平时糟糕	早班异常紧张的路况
我的头在痛——因为昨天晚上陪儿子看录像看得太晚了	履行父母职责造成的头痛所导致的注意力分散

这些差异既非偶然也非杂乱,而是口语和书面语在功能上的差异造成的。我们一般在互动情况下使用口语来实现某些社会活动。我们的语言通常是未经准备、即兴而发的。而写作时,我们没有面对面交流具备的视觉和听觉的维度。我们一般用语言来反思或分析,因此书面语更加正式。在写作时,我们为不在场的读者起草、修改和编辑,而这些读者在我们不在场的时候研读我们的文字。

场景的不同维度对于语言有很大影响。口语主要表现为对话，即双方轮流发言并发展共识。书面语主要表现为独白，即单人（作者）对某一主题发表看法。但是最好把口语和书面语的差异视为一个连续体（continuum）。例如，在写电子邮件的时候，虽然物理上我们是单独一个人，可是由于我们头脑里仍有特定的读者，写作是交互的，很像交流性的口语。在学术会议上做主题发言时，虽然面对很多听众，但我们的语言却更像书面语，不间断地为未知的听众单方面提供想法和信息。

口语通常更加依赖情境，因为话语方处于相同的时空。我们可以对班里的学生说"把那个递给我"或者"这个放这儿"，因为学生可以从同处的情境中获知"那个"和"这个"指代的物品。但是，书面语需要更加独立和脱离情境。如果学生写出"我不同意那个观点"或"这让那个观点更令人信服"，他们必须明确指出"那个"和"这"在文中指代的是什么。

任何曾对口语录过音的人都知道，口语会包含错误、重复、不完整的句子、中断、俚语和不标准的语法结构。在书面语中，我们却可以删除所有的错误和松散的部分，让语言看上去更集中和更准确。

很多时候我们意识不到口语和书面语的差异。在辅导博士生写作时，明确这些差异大有裨益。例如，如果学生的论文有些欠成熟，我们可以返回到这些差异上，指出学生使用的风格更像是口语而不是书面语。相应地，如果学术写作太繁冗复杂，我们可以通过解释名词化的过程来示范如何把难懂的句子进行拆分。

名词化

名词化指的是把文字中的动词变成名词（事物）或把密集的信息拆分成名词组的过程。书面语比口语更加名词化，因为书面语的内容经常以"事物"或名词的形式出现。比较而言，口语的内容通常是"动作"或动词。以下的范例用口语（动作）和书面语（事物）呈现相同的内容。请看博士研究生经常碰到的建议：

导师的话：如果你在提交论文之前认真修改每个章节，你就有可能拿到好分数。

学校网站的文字：提交之前对于每个章节的认真修改将提高你获得高分的概率。

导师的话是由三个从句组成的一句话。我们用斜线(/)来标记从句,这句话大致有三个包含动词的短句:

如果在<u>提交</u>论文之前/认真<u>修改</u>每个章节/你就有可能<u>拿到</u>好分数

这三个从句由连词"如果""在……之前"和"就"连接起来。每个从句都用动词来描述一个具体的动作(修改、提交、拿到),这些动词都需要博士生"你"来完成。

然而,网站上的文字却把信息压缩到只有一个动词("将提高")的单句,动词"提交""修改""拿到"全都变成了名词。三个动词缩减为一个动词的结果是更多的信息被放到名词词组中(即名词和附近的名词)。

<u>提交</u>之前对于<u>每个章节的认真修改</u>将提高你获得高分的概率。

一个热心的网管或许会通过扩展名词词组而进一步提升句子的名词化程度:

<u>论文提交前在导师协助下的对于每个章节的认真修改</u>将提高文字质量和<u>考核结果</u>。

所以名词化让本来友好的建议变得冗余和官僚。这个例子展示了口语和书面语的巨大差异。口语关心的是在一系列动态关联的从句中施行动作过程中的人。而书面语关注的是抽象的想法和原因,这些想法和原因由包含密集的名词群组结构的高度凝练的句子连接起来(Eggins,2004:94)。

名词化对学术写作很有用。它能够把更多的信息放进名词词组从而增加文本的内容含量。名词化可以压缩语义,让信息更精确,并能凸显抽象的思想和概念,而不是人和动作(Hammond,1990)。我们用下面有关博士研究经历的文本来举例说明:

方法论在《简明牛津字典》里的含义是"有关方法的科学",或更传统的"有关方法的专著"。我自己对方法论的理解是:一种选择、反思、评价和解释你使用的方法的行为或活动。实际上,后者是任何书面报告和科研论文的核心特点,即解释你在研究方法上做的决定。反思和解释的过程应该发生在开展研究之前、之中和之后——以及在论文答辩中。不懂得方法论就无法评价或判断研究的价值。

(Wellington,2010:129-130)

在这段节选中我们可以找到很多名词化的例子:方法论、反思、解释。这些抽象概念是科研工作的核心。没有这些概念工具就很难对博士论文写作开展教学。

名词化可以达到高度的抽象。一旦使用,被抽象出的东西可以随时复原并在文本各处使用,从而压缩信息,使其简便易用。

学术作者需要随时可以复原的、凝练的表达来连接观点的各个部分并控制较低层面信息的无限延展。这些表达就像升起的观景台一样,能一目了然地看到观点的全貌。这些平台上没有太多可以落脚的地方,因此,当观点很复杂时,表达也更复杂。

(Giltrow,1995:228)

吉尔洛认为,这些观景台或名词化非常重要,因为"他们集成了一大批活动和情况,并牢牢抓紧它们接受审阅(Giltrow,1995:242)"。名词化的表达具有修辞和概念上的强大力量。"他们作为重大问题、关注的事件来抓住读者的兴趣,说服他们加以关注(Giltrow,1995:242)"。

因此,建议博士生避免使用名词化是把问题极度简单化,尽管学生们会从网站或指南书上得到类似于以下的建议:

模糊和冗长:指导和解释是教师在教写作时使用的重要方法。

更好:教师教写作主要通过指导和解释。

像第一句中"指导"和"解释"这样的词叫做名词化词语。名词化的词语是从动词变来的名词;orientation 从 orient 而来,explanation 从 explain 而来。

(Glatthorn,1998:117)

当然,过度名词化不可取,那样只会让文字含混晦涩。但名词化本身并无好坏之分;名词化在博士学位论文中有着重要意义。换句话说,缺少名词化会让学生的论文读起来稚气和不成熟,因为在文本中构建既有知识层次的能力被削弱了。

谢里丹有关交叉学科教学模型的论文表明了这一点。在下面的节选中(习作 6.1)她描述了高校情境下的小组教学模式。我们可以称之为"动词中心"模式(动词用下划线标注)。

习作 6.1 谢里丹名词化欠缺的文字

> 在这所大学里,这些课程由大约 9 位具有完全不同学科背景的教师讲授(戏剧、舞蹈、社会研究、文化和音乐)。可能一开始会觉得这种安排会造成工作量的问题,而事实却是,有关教师已经注意到与同事分享备课经历是很好的体验;通过与别人一起教学,他们不断重新认识自己和自己的教学方法,并感受到自己不断地受到支持;在压力很大的时候,他们知道同事会出手相助。虽然很多人喜欢共同教学,而另一些人却觉得很难做到并担忧这种方法会丧失学科专有的内容。实际上这是大学教师如何工作在文化上的转型,这需要不间断地在教学人员中保持交流,以建立清晰的边界和期望。

谢里丹用了 17 个①动词词组,这让她的文字更像口语,不太正式而且有些冗长。她的文本读起来更像是电子邮件而不是资料分析。要想让文字更精确和更容易被她的学科领域所接受,她必须缩减动词(和从句)的数量并用名词化提升概念化的程度。这样的修改能帮助她的写作从简单描绘过渡到具有更加分析性的语言。以下是稍作修改的原文(习作 6.2):

习作 6.2　谢里丹使用名词化

> 　　在这个学校,课程由大约 9 位<u>具有</u>完全不同学科背景的教师<u>讲授</u>(戏剧、舞蹈、社会研究、文化和音乐)。尽管有潜在的工作量问题,但有关教师<u>已经</u><u>注意到</u>共同备课的两个重要优点:对于自身和教学方法更多的反身思考以及在教学压力大时随时获得的同僚支持。但是,不是每个人都<u>喜欢</u>共同教学,有些人<u>担忧</u>这种方法会丧失学科专有的内容。这<u>是</u>很正常的,因为这种模式<u>要求</u>大学教师工作模式上的文化转型和学科间的对话,以<u>建立</u>清晰的边界和期望。

　　我们确确实实地看到修改之后的文字更加简洁和明确。总体来说,7 个动词词组缩减成 1 个,65 个字变成 34 个字②,效果显著。最大的变化出现在第二句,用 3 个名词化的词来凝练信息。例如,第一个名词化的词"反身思考"让文字更加抽象和宽泛。从修辞学的角度,作者通过使用更宽泛的学术文献术语使得自己成为实践共同体的一员,从单纯的个人陈述过渡到更加学术化的作品。

　　拿捏和把握名词化有时很微妙,全在于个人判断。过度名词化会损害学术写作,正如海伦·索德(Helen Sword,2012)指出的那样:

　　拿一个形容词(implacable)或一个动词(calibrate)甚至另外一个名词(crony),然后加一个后缀-ity,-tion 或-ism。你就创造了新的名词:implacability,calibration,cronyism。这听起来很了不起,对吗?

　　从语言的其他部分合成的名词叫做名词化。学术人士很喜欢它,律师、官员和商业作家也不例外。我把这样的名词叫做"僵尸名词",因为他们啃咬活跃的动词,吸食形容词的鲜血并用抽象实体替代了人类……名词化最大的好处是帮我们表达复杂的思想:"观念""智慧"和"认识论"。最大的缺点是成为清晰交流

---

① 译者注:英文原文一共是 17 个动词(包括助动词和系动词),译文在所有原文使用动词的地方都保留了动词,但是无法保留助动词和系动词。因此,动词词组的数目有出入。

② 译者注:这里的字数全部是英文原文的字数,而不是译文的字数。后文中有关字数的表述均指的是英文原文的字数,故不再特别加注。

的障碍。

（出自 Sword，H. Zombie nouns，New York Times 23 July 2012. http：//opinionator.nytimes.com/2012/07/23/zombie-nouns. 2013 年 5 月 11 日访问）

博士生需要学习如何平衡过度名词化和名词化不足的问题。显然他们需要依靠导师的建议来帮助判断。（稍后我们会在本章可供导师使用的活动。）

不过，名词化不是一个中性的语言学进程。名词化让作者能凝练一整组意义，但它却能影响意识形态，因为动词向名词转变之后句子的主动性丧失了。以下是吉尔洛（1995：239－240）收集的各种期刊论文的名词化范例，这些范例突出显示了当表示人的行动的词被移除之后意义开始变得模糊：

即刻的经济剥夺（很贫穷）

收入不足的长期可能性（担忧今后没有足够的金钱）

自愿的雇员流动（辞职的人）

工作满意度（人们在多大程度上满意自己的工作）

有些学者（Halliday and Martin，1993）把名词化称作"物化"，即从动词创造出一个抽象的概念，然后把它当成是一个物品，一个物质实体，而不再是类比或人创造的东西。反对物化的批评者认为，名词化模糊了人的主观能动性、情境、差异和行动。比如，迈克尔·比利希（Michael Billig，2013）指出，抽象术语和名词化在社会科学中的使用令研究结果的解释和诠释如坠云雾。这并不只是风格的问题，而是一种对知识生产不负责任的实践。

批判管理学学者芭芭拉·查尼亚夫斯卡（Barbara Czarniawska）也对名词化颇有微词。她认为把组织机构"物化"的经营者和管理者无法给予现存的不同种类的组织机构以足够的关注。他们在很大程度上忽略了组织管理的实际过程，即这个过程涉及什么活动、什么人和什么事，以及为什么事情以某种方式发生。查尼亚夫斯卡甚至说名词化的"组织机构"已经成为"傀儡"；名词化本来是为了维护一个学科领域的学术发展，但现在已经变成妖魔，对整个领域造成才智伤害。

隐去主观能动性和行动不仅对可能理解的东西造成了不良后果，也对可能做的东西造成了不良后果。为了表达论点，如果"领导力"被物化而指代"商业愿景的重要性"，这种名词化根本无法表达是否有些愿景比另一些更好。这个名词化的短语也没有聚焦在领导者为建立愿景所说的东西和所做的事情以及对象是谁、在哪里和什么时候，更没有涉及具体的商业领域、社会经济和政策情境以及个人经历如何影响领导者可能希望构建的愿景。

帮助博士生使用名词化

　　为什么导师最好帮助博士生来使用名词化有很多原因。名词化不仅是让文字更容易阅读，主要是它可以让文字更具分析性，更容易与实践共同体的对话建立联系，并直面主观能动性的问题。我们建议用三个活动来示范这几个不同的目的。

名词化活动 1：写得更精练

　　不满意自己写作水平的学生经常参照同义词词典而使用大词。其实一个更有用的方法是把"口语化"的文字变成名词化的文字。

　　我们来看看芭芭拉辅导乔舒亚的例子。乔舒亚的论文是有关管理的职业标准。芭芭拉首先从他的文章中选出一小节，标出动词并且把文字分解成句子，每个句子一个动词：

　　（1）这并不是<u>说</u>，

　　（2）如果你能高度<u>胜任</u>工作，

　　（3）你就会<u>挣到</u>很多钱，

　　（4）毕竟一种职业得<u>有</u>市场需求才行。

找出四个动词和相应的四个句子之后，芭芭拉再看每个动词能否变成名词形式（例如，"挣到"变成"高薪"）。她和乔舒亚讨论之后，乔舒亚做了第一次修改。

　　（1）这并不是<u>说</u>，

　　（2-3）高度胜任工作的人会<u>得到</u>高薪，

　　（4）毕竟一种职业得<u>有</u>市场需求才行。

这次修改把四个动词缩减为三个，增加一个新的名词化词组"高度胜任工作的人"代替了更口语化的"你"。芭芭拉示范了如何进一步修改。她把句子的数量缩减到两个并且创造了三个新的名词化词组："高资质""高收入""适当的市场需求"。

　　（1）这并不是<u>说</u>，

　　（2-4）脱离适当市场需求的高资质<u>导致</u>高收入。

乔舒亚很满意修改后的版本，因为这一版比最初的口语化文字"更加学术"。必须指出,他一开始并不懂名词化。这个练习展示了把动词形式变成名词的一种方法,乔舒亚在以后的写作中也可以使用。

导师可以把这些步骤用在学生初稿的小节修改工作中。这不是改错,而是导师和学生一起把文字变得更精练和更具权威性的过程。正如第四章里讨论的一起写作的模式,这是师生在语言层面更细致的合作。在文字脱离口语化句法的同时,博士生也感受到了自己身份的转变。

名词化活动2:写得更易懂

第二个活动与第一个相反,目的不是把语义压缩成更少的动词和句子,而是插入动词和施动人从而创造出更多的句子,这样可以更明确谁在对谁做什么、什么时候做和为什么做。我们以加尔文的论文为例来说明如何分解名词化的文字,让它松散一些。

这段节选出自加尔文论文的方法论章节,主要描述他如何用一种自己设计的方法来分析学生设计的网站。这些网站被称为多模式和多媒体文件。下文是加尔文讨论著名视觉与多模式素养理论家杰伊·莱姆克(Jay Lemke,2003)提出的分析性问题。文中动词用粗体标注,名词化词组用下划线标注①。

习作6.3　加尔文含混不清的方法论

> 上述问题(Lemke,2003)**被设计**出来意在把注意力**聚焦**在对<u>多模态符号伪像的分析中产生的多种语义类型和功能</u>。最初的问题几乎**适用**于所有媒介;部分更深入的问题仅适用于特殊的案例。**不是**所有的意义类型在学生设计的多媒体类属中都一样**显著**。大部分问题**是**与我的分析目的和研究相关的,因为它们**是**具体的问题,**描述**了学生的素养实践通过超媒体转型和保持不变的部分途径。这些问题也结合对青春期、素养和教学法的理解对转变的和保持不变的素养实践之间的关系**提供**了洞见。但是,上述问题并未完全达到我的研究目的。于是两个对多模态文件进行话语分析的工具**被设计**出来:多模态符号话语分析(MSDA)和超媒体遍历分析(HTA)。

加尔文的导师仔细阅读了他使用名词化的情况:"对多模式符号伪像的分析中产生的多种语义类型和功能";"结合对青春期、素养和教学法的理解对转变的和保持不变的素养实践之间的关系提供了洞见"。这些句子又长又难懂,会令人很困惑。作为分析者,加尔文到底在做什么?他是怎么使用莱姆克的理论的?

---

① 译者注:考虑到作者举例的目的,节选部分的译文尽量依照英语原文的写法进行翻译,因此保留了被动语态。

加尔文的导师让他谈一谈名词化词组的意思,也就是分解一下。她请加尔文具体描述他到底是怎样使用莱姆克的问题来达到自己的研究目的。这样做是为了帮助加尔文明确研究方法,让实践共同体的其他人能够理解并能复制和质询。与导师交流之后,加尔文很急切地想要重写,把分析过程写得更浅显易懂。我们来看一下修改后的段落(习作 6.4)。

习作 6.4   加尔文分解名词化

> 一开始,莱姆克(2003)的问题似乎与我的分析目的和研究问题相关,因为这些问题很具体地描述了学生的设计中一部分视觉化的方面。但是,这些问题无法帮助我描述产生于多模态文件自身中的多种语义。我需要具体的元语言来充分分析文件,然后决定学生素养实践的转变是否发生。这个考虑促使我设计了另外两个工具进行多模态文件的话语分析:多模态符号话语分析(MSDA)和超媒体遍历分析(HTA)。

尽管分解名词化一般会把文字变长,但是加尔文的修改却把段落明显缩短并变精练了,也更通俗易懂。而且,他不是简单地修改每一句抑或分解所有的名词化词组,而是删除了莱姆克问题中重复和晦涩的部分,把重点放在他怎么使用和重新设计这些问题和为什么这样做上。这样的修改主要通过插入动词("帮助""描述""需要""促使")和旧版没有的施动者(主格"我"和宾格"我")。

他们无法帮助我描述

我需要具体的元语言来充分分析

这个考虑促使我去设计

修改的结果是对于研究方法的描述更清晰——博士生出现在文中,他的行动和主观能动性更明显。这样的文字更容易被实践共同体和论文评阅人接受。

名词化活动 3:识别主体

导师可以帮助博士生更加重视移除文字中的主体而造成的意识形态上的效应。用个简单的例子就可以说明:

广岛的原子弹爆炸导致大量死亡。

这个句子里有两个名词化词组(爆炸、死亡),他们代替了动作和施动者。我们无法识别出谁投了炸弹(爆炸)和谁被炸死(死亡)。我们只知道事件发生了;而谁对谁做了什么并不明显。导师可以通过插入动词来明确动作的主体:

美军飞机向广岛投下了原子弹,导致成千上万的日本平民死亡。

降低名词化之后，移除主体来推卸责任的意识形态上的原因一目了然。

平衡主动语态和被动语态

很多学术写作都习惯性地使用被动语态。被动语态把动作的对象隐藏在句子主语中。因此，"研究者在问卷中发现难以解释的相关性"变成"难以解释的相关性在问卷中被发现"。执行动作的人（研究者）消失了。如果持续使用被动语态，文字可能会变得冗长难读。被动语态还用过分复杂和别扭的长句误导读者。

很多线上写作工作坊和有关学术写作的指南书都有很好的范例，提醒过度使用被动语态会造成平淡乏味的写作风格。与主动语态一样，被动语态对于呈现研究发现和讨论研究结果起着重要作用。我们认为，两种语态对于写作博士论文都很必要。

以下文字的作者是邦霍姆（Bonhomme，2004）。他是一位研究男性健康的研究者，在这段文字中他有效地使用了两种语态。在三个句子中，他把谈论的主题"家庭经济"放在一个短句的句首并使用被动语态。这样可以在一开始就把读者的注意力放在谈论的主题上。

家庭经济被男性健康问题负面影响。男性疾病会降低工作生产力。当男性出现残障或死亡，家庭收入通常会减少，而且常常会面临额外的健康开销。

(Bonhomme，2004：145)

随后的句子用主动语态来保持句子流畅。

避免被动结构造成关系不明和指代不清非常重要。例如，"职业培训在公共部门被广泛实施"这句中，被动语态无法提供充分的信息，最好能提供谁实施了培训、何时何地和频率如何等细节。再比如，说"年轻人被社会排斥"，需要提供他们在何种条件下被排斥、怎样做出这样的决定、机构实践以及产生这种排斥的政策等细节。

但是，使用何种语态不只是清晰表达的问题。被动语态和名词化连用会使含混晦涩的程度成倍增加。请看以下讨论男性健康的节选段落。为了讨论需要，我们给句子标了号码。

[1]理解男子气概对于分析男性健康问题至关重要。[2]比如，很多男性会在健康上冒险，理解这一点很重要，因为承担风险是男性在成长过程中形成的向

自己或向其他男性证明自己阳刚的一种方式。[3] 但是,如果想改变现状,长期以来基本无法解决的一个争论——即在多大程度上阳刚之气的传统特点被生物学所决定——就应该被摒弃。[4] 认为阳刚之气与健康欠佳存在内在固有关系的态度不利于改变男性对于改善自身健康的态度和行为。

(Banks,2004:156)

从"至关重要""很重要"和"应该"这些用词可以看出,作者的语气非常肯定。但是名词化和被动语态在第三句中的使用产生了一个过度复杂的主语"长期以来基本无法解决的一个争论——即在多大程度上阳刚之气的传统特点被生物学所决定——……"。索德(Sword,2012)会认为,词语堆砌的名词化词组"争论"和被动语态动词"被生物学所决定"离得太远,这种情况下读者很难捕捉到作者想要传达的重要语义。

被动语态的使用也产生很多难以解答的问题。在第一句中,谁应该理解男性的健康问题? 在第二句中,谁应该懂得男性的冒险行为? 在第三句中,谁应该摒弃男性天生的特征? 在第四句中,谁要改变男性对于改善自身健康的态度和行为?

但是,如果我们把第一句改成主动语态,例如

[1] 医学界理解阳刚之气非常重要,这样可以更有效地分析男性的健康问题。

这句带有批判和略微指责的语气,把矛头指向医学界应该做的工作。这样的立场似乎比作者希望的要更强烈一些。分解名词化词组可能会更合适。所以,第三句可以改为:

[3] 有关阳刚之气的争论由来已久,仍无定论。停留在生物学影响层面的争论阻碍着进步,应该被摒弃。

把名词化词组分解开来就可以插入新的动词(系动词、"阻碍")并且传达作者想要传达的紧迫性。这样,在不用归咎的情况下使文字更清晰和更肯定。

我们研究和改写这些范例主要是想指出,主动语态和被动语态都有各自的目的和效果。在师生谈话时谈论这一话题要比死板的规则和一律禁止要好得多。

情态:歌蒂拉难题

博士生"需要在提出观点时持有一定程度的肯定,但一定要有度,以免论点被读者拒绝。(Hyland,2000:87)"。确定立场对于博士生来说是个复杂的决定。他

们不是写给同僚。博士生与论文评阅人的关系从文化制约的角度来说是不平等的。博士生还没有被学者社群所接受，他们通过写学位论文寻求进入社群的途径。

　　所以，有关"博士生采取什么样的立场比较适宜"的问题给指导博士生制造了一个我们称为"歌蒂拉难题①"的困局。语气多肯定才算合适？**不能太冷**：被动、试探性的、过分谨慎或闪烁其词。**不能太热**：自负、自以为是、盛气凌人或太武断。**要恰到好处**：自信、自主、在文中引导读者。

　　找到合适的立场并不容易。懂得情态（modality）会很有帮助。情态词包括海兰提到的缓冲、强调、态度和人称指示词（见第五章）。根据语言学家哈利戴（Halliday）和马西森（Matthiessen，2004）的观点，情态词表达两种意义：**可能性**，即对某事发生或存在的可能性的判断；**频率**，即对某事发生或存在的频率的判断。作者可以选择在文字中表现强势、博学和权威的程度。简而言之，情态诠释了权力和情感关系。导师可以利用谈论情态来真正实践博士论文的文字工作/身份认同工作。图 6.1 标出了表示情态的词语。

情态动词（可能、本来可以、必须、应该、可以/可能、不可以/不可能、应当）用来修饰动词，以表达可能性、概率、意图或必要性的程度：
　　她可能取胜
　　她应该取胜
　　她本来可以取胜
情态副词，例如也许、很可能、可能、显然、不太可能、一定：
　　她很可能会胜出
条件从句，即加一整句话：
　　如果她有那项技能的话，她将会胜出。
缓冲连接词，例如某种、一点、有点：
　　她有点占上风

图 6.1　情态指示词

　　探索情态的两个维度很有用：① 博士生相对于论文评阅人和学术专家的权威度；② 有关真理和研究结果可信度的权威度。我们鼓励博士生去探讨如何适度平衡自信与自谦。学生应该在写作上秉持一定的权威性（理直气壮）但也不能深陷过度自信的泥潭。

---

① 　源自英国文学者罗伯特·骚塞（Robert Southey）的童话故事《歌蒂拉和三只熊》。故事主要是讲一位名叫歌蒂拉的小女孩在林中迷路闯入了三只熊的家，她先后试过三只熊的大碗、中碗和小碗吃饭，又用了三只熊大中小不同的椅子和床。

有些指南书告诫博士生使用试探性的语言或被我们称为"低姿态"（low modality）："有可能是，似乎很明显是这样，可能得出的一个试探性的结论是……（Glatthorn，1998）。"但是这些规则过度简化了博士生在写作中需要做出的决定。限定所有陈述只会得到软弱无力和缺乏说服力的文章。

我们用戏谑的方式鼓励博士生去验证情态词的极端使用。首先，我们让他们用高度自信的情态写一段文字。"对你的论点极度自信和肯定。用你能想到的所有肯定的语言来写。你的目标是最大程度的冲击力。"然后，我们再让他们用低姿态来重写这段话，"尽可能地谦虚、谨慎和小心。强调你在学术圈里不平等的权力关系。隐藏你的锋芒。"

这是应对歌蒂拉难题的策略之一。这一策略弱化了使用正确情态的困难程度。不过，它给博士生提出了一个严肃的问题。练习使用情态词能让博士生更加明确学位论文涉及的身份认同问题。博士生显然需要资源来帮助他们对自己的研究采取自信的立场。要想成为成功的学者，博士必须恰到好处地处理确信、自谦、个人陈述、认同/不认同和权威立场。

帮助博士生认识主题（Theme）

主题分析（Theme analysis）是帮助导师判断学生突出语义或忽略语义的工具。当文字松散或重点不突出时，它可以帮助学生聚焦问题并明确信息的发展和流动。在我们展开之前，必须指出我们之所以在谈论主题时用大写的 T 字母来表示（用 Theme 而不是 theme）是因为这里的"主题"不同于我们日常说的"题目或主要意思"或者"我的论文的主题是工业界的工场关系"。

从语言学的角度，主题是句子的出发点，是有关句子或从句要谈论的对象（Halliday and Matthiessn，2004：64）。（在前文讨论名词化时，我们展示了从句是包含动词的语言片段。一个句子经常包含多个动词，因此包含多个从句。）

马丁（Martin）和罗斯（Rose，2003）用浪花来比喻信息在文字中的流动。句子或从句被看作是信息的浪花，具有顶点或浪尖，也有不太重要的波谷。马丁和罗斯的原话是："位于句子开头的有关重要性的顶点被称为主题（Martin and Rose，2003：177）。"

主题的顶点（有浪尖的主题浪花）不仅出现在句子层面，也出现在段落层面。

这就是众所周知的主题句。主题句是更高水平的主题,把读者引导至后续的内容。"他们预告以后的文字将会怎样展开(Martin and Rose,2003:181)。"现在我们重点看看主题在句子层面如何运作。

进行主题分析

我们在写作时会考虑如何组织从句(即使这可能不是有意识的活动)。从语言学的角度来说,主题包含的词和短语是以下句子开头的粗体字:

认真修改每个章节提高获得高分的可能性。

"认真修改每个章节"是主题。它处于句子开头,在动词"提高"之前。句子的其余部分——跟着动词的所有其他词——称作"述题①"(Rheme)(Halliday,1985)。述题一般包含不熟悉的或新的信息,"因为一般是从熟悉的转向不熟悉的(Eggins,2004:300)"。

在用英语讲话和写作时,我们可以安排主题和述题的顺序。在以上的范例中,我们改变句首的部分来改变主题:

获得高分的可能性会因为认真修改每个章节而提高。

"获得高分的可能性"现在变成了主题。动词"提高"和其余部分变成了述题。比较这两个例子可以看出,它们在用词上是相似的,改变的是主题,而主题的改变引起了意义的变化。第一句强调的是文字工作("认真修改");第二句强调的是文字工作的目的("获得高分")。

主题分析可以帮助导师弄清为什么有些论文主题松散、顾左右而言他。当芭芭拉发现论文草稿结构松散、语无伦次时,她首先检查句子的开头。作者把什么放在最前面?他们强调的是什么意思?她用铅笔圈出句首的词和短语——动词前面的——来看是否有一定的规律。

如果做更正式的主题分析,也可以把从句按照主题和述题分类,这样主题可以更明显。我们用第四章中出现的米亚的文献综述的节选作为例子。我们把节选段落分割成从句,然后把动词之前的词语放在主题的一列(分类不必很精确,大致符合就行)。句子的其余部分都放在述题里(表6.2)。

---

① 译者注:按照功能语法,rheme译为"述位"。这里为了与"主题"对应,译为"述题"。

表 6.2   主题分析：米亚的第一稿

主　　题	述　　题
几位检视有关家庭作业文献的学者们（Hoover-Dempsey，1995；Coulter，1979）	认为，文献中有关家庭作业影响的研究发现是模棱两可的……
除了之前讨论过的量化研究，很多研究	使用的数据来自对儿童、家长和教师的访谈。
（主题缺失）	也鲜有研究从教室里寻找研究证据，去探讨教师如何看待家庭作业或者学生怎样理解自己的任务。
此外，绝大部分研究	集中在青少年中学生的家庭作业实践。
对家庭作业文献进行总结的学者（Hoover-Dempsey，1995）	很少关注小学生的家庭作业，除了一些父母对孩子文化素养的影响的研究。
鲜有观察性研究	探究家庭作业构建的社会互动网络，这个网络包括孩子与父母、兄弟姐妹、朋友和学校之间的交流（Coulter，1979：27）
一小部分有影响力的研究	探讨不同社会文化背景下家庭成员围绕家庭作业开展的交流（Breen et al.，1994；Freebody et al.，1995；Lareau，1987）

在早先的讨论中，我们看到米亚的初稿描述性过强而缺乏个人观点。主题分析可以告诉我们原因，就是文中几乎所有的主题都包含类似于"学者""很多研究""绝大部分研究""观察性研究""有影响力的研究"等词语。把主题分离出来更容易看到这样的情况。虽然米亚并非刻意而为，但她对于主题的使用却突出了其他学者的权威，而不是她自己！

米亚自己很惊讶。她竟然没有意识到自己写作中的惯常模式。在导师安德鲁的帮助下，她试着改动了主题，最后对句首做了很大改动。她修改后的文字在主题上有新的模式（表 6.3）。

表 6.3   主题分析：米亚的第二稿

主　　题	述　　题
由此看来，尽管经过一个世纪的研究，众说纷纭的研究结果	更多揭示出的是研究这一复杂主题时研究方法上的挑战，而不是任何作业与学业成绩间确定的关系（Hoover Dempsey，1995；Coulter，1979）。
最近的质性研究数据	在很大程度上依赖于对学生、家长和教师的访谈，即人们对自己行为的描述。

（续表）

主　　题	述　　题
很少有研究	关注家庭背景下的家庭作业完成的实际情况。
很少有基于课堂的研究证据	探究教师如何看待家庭作业或者学生怎样理解自己的任务。
此外，研究的关注点很少	放在小学生的家庭作业上，除了一些父母对孩子文化素养的影响的研究。

这一稿在主题上的改变是显著的。像"很少有研究""很少有基于课堂学习的研究证据"和"研究的关注点很少"等重复性的短语强调了研究的空白。也就是说，这些短语把不被其他学者关注的东西主题化。主题里也包含了更多评价性的词语（"尽管""很少""最近的"）。修改之后的结果是米亚在文献综述里的立场不再那么描述性了。现在的文字构建出更加议论性或批判性的立场——这是先前缺少的。通过转变主题，米亚开始圈出自己的地盘，在文中树立自己的观点。

语言上的文字工作也成就了身份认同工作，帮助博士生为自己的研究开辟道路。导师可以通过解释和讨论指导学生找到自己论文中呈现主题的模式并寻求改变。主题分析是一个既有用又具体的教学工具，可以创造出更令人信服的观点。

主题与内在凝聚力

主题对于一篇文章的和谐有深刻的影响。艾金斯（Eggins）指出：

主题选择最重要的贡献在于它对于一篇文章内在凝聚力的影响：巧妙选择主题可以让文字显得"行云流水并言之有理"。

（Eggins，2004：321）

艾金斯讨论了一系列帮助提升文章凝聚力的技巧，包括重复使用 Z 型模式（zigzag patterning）（参照 Eggins，2004：324-325）。

米亚的修改版论文中展现了怎样有效地使用重复来达到和谐。在主题中重复使用"研究证据""很少有"和"研究关注点很少放在"让论点和谐统一并重点突出：

最近的质性研究数据

很少有研究

很少有基于课堂的研究证据

此外,研究的关注点很少放在

重复是博士学位论文中常见的技巧。一篇很少或没有重复的文章会显得不连贯。但是,一篇主题缺少变化的文章不仅读起来或听起来非常无趣,也表示这篇文章没有方向。

如果主题是出发点,主题的稳定将意味着我们永远从同一点出发,那么述题引出的"新"信息就无路可走。

(Eggins,2004:324)

这有助于我们理解之前谈论名词化时讨论过的加尔文的论文为什么并没有达到应有的效果。加尔文在第一稿中使用了重复的技巧,如表 6.4 所示。但是,他使用重复的做法不如米亚的有效。

表 6.4   主题分析:加尔文的第一稿

主　　题	述　　题
上述问题(Lemke,2003)	被设计出来意在把注意力聚焦在对多模态符号伪像的分析中产生的多种语义类型和功能。
最初的问题	几乎适用于所有媒介。
部分更深入的问题	仅适用于特殊的案例。
不是所有的意义类型	在学生设计的多媒体类属中都一样显著。
大部分问题	是与我的分析目的和研究相关的。
因为它们	是具体的问题,描述了学生的素养实践通过超媒体转型和/或保持不变的部分途径。
这些问题也	结合对青春期、素养和教学法的理解对转变的和保持不变的素养实践之间的关系提供了洞见。
但是,上述问题	并未完全达到我的研究目的。

加尔文在主题的位置重复使用"问题"。这产生了一定的和谐,可是并没有把对于方法的讨论向前推进。他也使用了一连串的形容词来描述"问题"(例如"上述""最初的""有些更深入的""大部分"),这些形容词令人疑惑。比如,到底"最初的问题"和"更深入的问题"有什么区别? 哪些问题是"相关的"? 哪些"并未完

全达到（目的）"？更重要的是，作为研究者的加尔文是怎样**使用**这些问题的呢？

　　和导师一起进行分析之后，加尔文尽量用分解名词化词组的方法把自身观点放回到论文里。在改写过程中，他同时也改变了主题的模式（参照表 6.5）。在厘清如何使用莱姆克的问题之后，他修改了出现在从句开头的部分。在这个过程中，他也把文字从描述性变为解释性。

表 6.5　主题分析：加尔文的第二稿

主　　题	述　　题
一开始，莱姆克（2003）的问题	似乎与我的分析目的和研究问题相关。
因为这些问题	很具体地描述了学生的设计中一部分视觉化的方面。
但是，这些问题	<u>无法帮助我描述</u>产生于多模态文件自身中的多种语义。
我	需要具体的元语言来充分分析文件，然后<u>决定</u>学生素养实践的转变是否发生。
这个考虑促使我	设计了另外两个工具进行多模态文件的话语分析：多模态符号话语分析（MSDA）和超媒体遍历分析（HTA）。

　　在修改稿中，加尔文把他对莱姆克的解读置于前景，进而展示这如何影响自己的研究。加尔文并没有讨论抽象的研究问题，而是谈论研究者，并通过向读者解释研究者的观点使自己的主导性更加突出。

　　尽管对主题的改变很细微，但强调的重点发生了转变。莱姆克的问题在前三句里处在主题的位置，但是连词"因为"和"但是"形成了评估的立场。在第四句和第五句，主题转到了研究者（主语"我"和宾语"我"），这样加尔文创造新分析工具的原因一目了然。

　　加尔文的修改突显了导师和学生一起探讨主题的益处——可以使论文观点鲜明、语气坚定。

Z 型模式

　　主题的 Z 型模式（zigzag pattern）通过叠加新信息来达到内部和谐。"这给文字一种积聚性的发展……（Eggins，2004：325）"。在语言学上 Z 型模式的意思是，在述题部分出现的元素在紧随其后的从句中成为主题。我们以詹妮弗论文中的一段（表 6.6）为例来说明这个技巧如何构建信息。

表6.6　主题的Z型模式

主　　　题	述　　　题
即使有资深律师的协助,女性移民	仍会感到自己在法律程序中处于不平等的位置。
在塞丽娜案件中律师的骚扰行为和科工组织(CSIRO)故意拖延的手段	是对弱势一方玩弄权力游戏的典型例子。
如此的霸凌行为	绝不容许在法庭之外发生,应该上报给法务机构。
然而,塞丽娜在机会平等委员会所经历的"言辞激烈"的盘问	却彰显了一个对立系统的重要特征。
尽管挑衅和对立的法庭战术	可能更适合用在刑事法庭的笔录上,而不是像塞丽娜这样的民事案件中。

　　詹妮弗的论文研究女性移民如何经历澳大利亚的法律。在节选中,她探讨了一位法律从业者的观点,他正对一位女性移民在工作中被歧视发表看法。述题和相应的主题用下划线表示,并用箭头标出相互关系。

　　在这个Z型模式中,詹妮弗在述题中引入的信息在随后的分句中被采用和扩展成为主题。我们可以找到至少两个这样的用法。首先她从述题"对弱势一方玩弄权力游戏的典型例子"出发,把它作为下一句的主题"如此的霸凌行为"。也就是说,通过把权力游戏叫做"霸凌",詹妮弗进一步发展了这个概念。

　　同样,在第四句中,她在述题中引入了"对立系统",在随后的分句中把它变为"挑衅和对立的法庭战术"。这样的效果是形成不断推进的连贯的文字。注意詹妮弗在主题的位置也用到了名词化:

　　资深律师的协助

　　律师的骚扰行为

　　科工组织(CSIRO)故意拖延的手段

　　"言辞激烈"的盘问

　　挑衅和对立的法庭战术

　　这样的名词化压缩了信息。例如,因为没有用"资深律师提供了协助",动词"提供"省掉了。这就把一个简单名词"资深律师"变成一个更复杂的名词化词组"资深律师的协助"。这些名词化词组通过不断重组和重现信息来建立论点。

　　主题模式受到语言是书面语还是口语的强烈影响。在面对面谈话的时候,主题常常是我们自己或跟我们相关的人。在学术写作中,抽象和泛化的人、情境和原因则更有可能是主题,而不是我们自身的经历(Eggins,2004:323)。如果博士生一直把人称代词"我"放在主题的位置,这会警示导师学生可能写得太过口语化,个人臆断过多而议论性语言过少。

口语充满变化,事先缺乏准备,因此口语的主题可以很快切换,但这样的切换在书面语中难以实现。那样只会打断行文的流畅并令读者迷惑。文字一旦不流畅,读者会立即产生很多疑问:为什么焦点切换如此突然?到底想说什么?导师可以找到不连贯的部分,但不一定知道怎样向学生解释。

因此,导师使用主题分析作为工具大有裨益,可以让学生充分参与到文字组织和成文连贯性的讨论之中。什么可以作为句子开头并没有固定的模式,但开头的部分却对文字的连贯和文章发展有显而易见的效果。让博士生多练习主题的使用可以让他们更加意识到可能的选择。相应的,做选择的能力让博士生成为更具主动性的作者。

小结

拥有一个随时可用的语言学工具箱对于导师很有帮助。它可以让论文写作的问题更加触手可及;博士生可以依靠具体而不是空泛的反馈更有效地修改论文。通过关注名词化、主动语态和被动语态、情态和主题,导师可以支持学生实现重要的文字工作/身份认同工作。学生的论文将变得更加灵活,具有更强的可读性和更高的可信度,因为他们把自己和自己的研究放在了舞台的中央。

第七章
组织论点

大部分博士生都觉得把论文组织成篇很难。在步履艰难地完成分析和解释之后，组织材料和写作应该是自然而然的事啊！对吗？不对。理清什么该放在哪儿、以什么顺序使彼此之间契合并非易事。这是一件复杂的思考-写作任务，而导师常常感到自己在指导学生时力不从心。这是因为导师已经不再是学生论文的专家了，不如学生对研究结果了如指掌。

本章旨在为导师提供指导博士生组织学术文字的资源。

本章首先从众所周知的学术写作的"正确"方式（IMRAD）入手，来考量陈述、总结和议论的区别。我们认为很多学术写作可以通过关注议论而变得更好。

默认的论文结构

学位论文的传统格式经常被描述为 IMRAD（Swales，1990）：背景介绍（Introduction）、研究方法（Methods）、研究结果（Report）和（and）讨论（Discuss）。大部分人实际上会包含文献综述和结论，但是用 ILMRADC（各部分英文首字母的缩写）会比较尴尬！IMRAD 的主要意义在于它关注的是为何要做此项研究（背景介绍）、怎么做（方法论）、研究结果是什么（研究结果）和然后怎么办（讨论）。

学位论文需要提供开展课题的理由，把研究的课题放在文献或可能的政策或实践背景中。论文作者需要描述研究是如何设计并实施的，以方便评阅人的审计。显然，论文也需要包含研究产生的结果。讨论和结论部分不仅需要说清楚研究的内容和如何完成这项研究的，而且要证明论文对于知识发展、政策或实践做出了什么贡献。

IMRAD囊括了所有这些,但它是默认格式,是电脑里新罗马字体的学术论文版。帕尔特里奇(Paltridge)和斯塔菲尔德(Starfield,2007)探索了 IMRAD的多种变体。

达德利·埃文斯(Dudley Evans,1999)把典型的"IMRAD"(简介-方法论-研究结果-结论)格式的学位论文叫做"传统"论文。托马斯(Thomson,1999)进一步把传统论文细分为使用"简单"组织模式和"复杂"组织模式的论文。简单模式的传统论文只包含单一研究,有典型的组织结构……;(IMRAD)……而有复杂内部结构的论文包含一个以上的研究……一般以背景简介开始,然后是文献综述,这跟简单模式的论文类似。然后可能会跟着一个综合的研究方法部分,之后是一系列汇报各个研究的章节。论文以综合的研究结论部分结尾。

(Paltridge and Starfield,2007:70)

帕尔特里奇和斯塔菲尔德还讨论了"基于主题的"常见于艺术和人文学科论文的格式,这种论文包含综合背景介绍,然后是一系列基于主题的章节,最后是结论。现在论著类博士(PhD by publication)越来越多,相应的学位论文由已经发表的文章(通常是 3 - 5 篇)组成,再加上一个解释性的章节(参照第八章)。

邓利维(Dunleavy,2003)在自己有关学位论文作者的书里谈到论文的结构。他认为,在人文和社会科学领域最常见的结构是分析型。他把分析型的文字分成三种变体:阶段性或叙事性报告、把复杂现象分解成部分的系统性报告和重组复杂过程的因果分析。邓利维的看法紧紧围绕结构背后的思维方式。卡特(Carter)、凯利(Kelly)和布雷斯福德(Brailsford)则把顺序、强调和连贯作为最基础的组织原则。博士生可以在构思学术论文时参考这些学者的观点,而不是一开始就选用默认的格式。

思考 IMRAD 以外的格式是一项理性的活动,因为这种结构并不像它看起来那么好用。IMRAD 并不总适用于所有类型的文献工作和研究。例如,一篇论文可能根本不需要有文献综述这一章。文献完全可以被分割和融入到文本的各个部分。我们最近评阅的一篇学位论文的前三章分别是政策背景、研究领域的历史和实践回顾,这三部分都有详尽的文献。如果论文作者非要把三部分文献合起来写一章形式上的文献综述,反而很难把想要论述的观点说清楚。

有时候,即使按照 IMRAD 的格式,论文也有可能从头到尾杂乱无章。更重要的是,IMRAD 没办法从头到尾都为论文的论点服务。如果想弄明白为什么会这样,我们需要返回去看一下构成一篇学位论文需要哪些不同类型的文字(文体)。

陈述、总结和议论

日常的学术写作有特定的种类。这里,我们考虑对构建学术文本至关重要的三种类型。我们会对每一种进行定义,以便阐明为何 IMRAD 存在问题。而这些问题产生的原因是三种类型的混合:陈述、总结和议论。

陈述

陈述是描述发生了什么和我们/我/其他人怎么做的文字。学术写作中有两种比较常见的陈述:① 涉事其中的作者从个人角度陈述事件/活动;② 对特定的某一个事件或一系列事件的事实细节的陈述。

正如第五章所述,学术作者通常在论文的引言和方法论章节使用个人陈述。作为当事人的作者描述事件,并把这些描述作为一种证据或者回溯研究的来龙去脉。个人陈述也用来建立研究的必要性或使用特定方法论的必要性:"个人经历告诉我……"正如在第五章提到的,反身性和批判性的陈述要比简单陈述更好,"对于个人维度的重新定位"经常把写作转为不同的文体——议论文体,这个我们稍后讨论。

很多学术期刊的文章在描述研究设计过程时使用事实陈述:"我们使用这种方法和样本并收集到这种资料。我们想要做这些但是有困难所以没有做。因此我们的研究发现只能探究这个问题的这个方面";或者"我们参考了图书馆的这些书,并且鉴于以下原因跟这些人了解情况"。在学位论文里,事实陈述可能更加详尽,提供研究的"审计跟踪"(audit trail)——从概念到实施再到分析。这种陈述让论文评阅人更容易理解博士生做过的工作。当然,风险是可能过于详细。

总结

总结可以经济并准确地表现事件、行为、想法、文字或话语。写总结时,作者要对内容进行取舍、对重点进行划分,并考虑如何组织文字。

总结是很多学术写作的基础,但很少作为发表型文体。例如,学术性的总结服务于查阅文献。博士生可能会被导师要求写总结,用来推进理解并开始在自己所在的领域建立一席之地。

珍妮特·吉尔洛(Janet Giltrow, 1995)认为,好的总结是告诉一个知识丰富的读者作者知道的东西很重要。这不可能通过剪接和粘贴别人脱离情境的文字而达到。这要求新的工作——挑出重要的观点和证据、给出可以表现重要主题的抽象术语并且提供足够的细节作为"佐证"。要建立模式和分组(第四章)就必须认真阅读和突出主要观点,把这些观点融合在一起进行异同比较,然后用评价性的类别来描述它们。最后,作者可以用这些总结性的模块建立令人信服的引言或结构连贯的叙述。

博士生能写出简洁的总结还远远不够,他们还必须采取批判和评估的立场。这种立场把他们置于实践共同体中,让他们展现自己怎样与共同体中其他人的研究进行对话。

议论

写议论涉及针对特定的问题、事件或疑问选择立场并解释这个立场。议论的意图是就通过特定的观点及其真实性和价值来说服读者。最简单的议论包含:

- 对于立场的陈述(论点);
- 以逻辑顺序罗列的一系列观点,并有证据和实例支持,由相互累积的关联连接在一起;
- 重申和重述论点的总结。这里也有可能包含建议。

(见 Williams and Columb, 2006)

一个学术议论大致遵循这样的结构。也可能考虑对立的观点来强化正在构建的观点。学术议论可以很简洁,例如采用摘要的形式;而最铺陈的形式是学位论文或专著。由于学术议论不会把已有的证据和范例直接拿来使用,所以它会融合分析、解读和评估。一般来说,在总括的论点之下会有分论点。

我们已经大致划出了陈述、总结和议论这三种文体的目的和形式。现在我们用已有的知识来重新思考 IMRAD 并提出另外一套步骤来组织学位论文。

IMRAD 避免过度使用陈述和总结

表 7.1 显示 IMRAD 中包含的各个部分实际对应的文体类别。这表明,程式化学位论文很可能包含过多的事实陈述和总结。议论会构成论文章节里的小节,而在必须有的讨论这一章节全是议论。过度使用陈述和总结会导致文字读起来干涩无味,像漫无目的地翻阅别人冗长的日记。议论性文字才会引人入胜。

表 7.1　IMRAD 中的文体

论文的组成部分	文 字 描 述	文 体
引　言	这是我的经历。我打算这么做,原因是这样的。	事实陈述加议论
文献综述	这是别人关于这个主题的研究成果,我的研究如何融入。	总结;分析(可能)
方法论	这是方法论上别人的说法。这是我做的。	总结 事实陈述
发现×3	这是我的发现:主题、图表、问卷、发现。	事实陈述、总结;可能有少量议论
讨　论	它是这样的意思,这是它的重要性。	议论
结　论	我是这样做的,这是我发现的,这是以后可能发生的。	总结;议论

这并不是说使用 IMRAD 结构的博士生不知道怎么写议论,而是说,当议论文字散见于论文各处的时候,读者就很容易迷失。换句话说,读者没有一个能跟从的扩展性和总括性的论点。这样做的后果是,读者只好自行把各处的议论组合在一起来得出自己的看法。这对读者的要求太高了。如果读者正好是评阅人,他会因为由他来做接合论文各部分的艰苦工作而失去阅读的耐心。

博士生要把议论作为组织论文的主要方式,这一点很重要。我们也有理由建议导师关注议论的写作,其中包括构建对读者友好的文本。

博士生应该关注一个问题,解释为何关注这个问题非常重要,并说服读者自己积累的证据会对这个问题产生新的认识。因此,博士论文的精华并非陈述和总结,而是广泛展开的议论。一篇包含很少议论性文字的学位论文有可能达不到做出学术贡献的目标。

博士研究生应该对知识发展做出特有的贡献。就算有关某个主题已有无数研究，博士生也必须在论文中做出学术贡献。事实陈述只陈述何事发生——无法解释为什么发生和为什么这件事很重要。议论给博士生机会来展现自己的研究、突出研究的特点并开出一片天地。

一项由英国、非洲和以色列研究人员进行的联合研究项目检视了 100 篇博士学位论文的结论部分(Bitzer et al.，2012)，发现 46％的论文并未说明研究对于知识的贡献。研究人员得出的结论是，这是由于博士生以为读者自己会认识到论文的贡献。这种做法不可取。不过，我们认为问题的症结所在并不单单是学位论文应该对知识有所贡献，而是博士生从头到尾都不知道怎么论述自己的贡献。这不仅是文字工作，也是身份认同工作，博士生要理直气壮地肯定自己的贡献。

在本章余下的部分我们将讨论帮助博士生关注议论的教学方法。我们从开题报告出发，然后转到中期工作。我们提供程序分块(chunking)和故事板(storyboarding)作为教学策略，它们可以在资料分析时和分析后发展写作议论的技巧。

创造研究的空间

创造研究的空间，即 CARS(Create a Research Space)，对于博士生一开始确立研究课题和研究意义很有帮助。这是保证书，有时也被称作授权书，是对知识做出特别贡献的依据。

第一个提出 CARS 的人是约翰·斯韦尔斯(John Swales，1990)。CARS 是个三方启发式(three-part heuristic)，由三个步骤组成：

第一步：建立研究所处的领域

概述课题在现有政策、实践或学术争端、问题或关注点的重要地位。做到这一点首先要命名这个课题，然后提供一些有关此课题被广泛认可的通识。之后再陈述现有的文献、知识或常识以及政策上的假设。

第二步：为研究创造空白点(niche)

明确研究目的。或许它是对政策、实践或现存文献的反驳，也可能是与政策或实践相矛盾的观点,或者是发现文献中的盲点;还有可能是表明某个领域需要不同视角或新知识来发展以及怎样发展;又或许研究会提供新的理论观点或提出仍然无法回答的问题;也可能表明研究会继续往前推进,或对特定的研究或写作传统做出贡献。

第三步:解决构建的空白点

在最后一步,作者必须概括,既然需要做一些事,那么现在要做什么。一个对研究项目的简单概括即可,主要为读者提供有关研究范围和性质的基本信息。这可能是对随后要解释的理论角度的描述。如果是基于文献的研究,作者可以指明随后要分析的文献的类别。

CARS经常用来指导写作引言部分(Thomson and Kamler,2013;Paltridge and Starfield,2007)。这里我们用它来指导写作较长的开题报告,全职博士生通常在接近第一年年末的时候提交。汇报的形式可能叫报告会(Colloquium)或资格认定(Confirmation of Status),但都是在博士生已经做了很多文献工作,确定了具体的研究方向、研究问题和研究设计的节点。这篇报告必须展示出计划做的研究在实践共同体中的定位,说明与研究相辅和相对的文献有哪些——换句话说,晚餐会如何布置。文章必须包括可能的贡献。这篇至少一万字的详尽的文章一定要表明博士生的进步。这是高风险的文件,一篇分量不够的报告最坏的结果是博士生被取消继续读博的资格。

博士生可以用CARS来写一份开题报告的简短摘要。做这项工作让博士生开始学着为自己辩护,让他们切身感受作为自己想成为的学者如何讲话和写作。越早开始辩护越好。这并不容易,而且挑战自己的身份认同,因此最好不要在写学位论文的最后一年才开始学习。

习作7.1是丹尼斯开题报告的第一稿。她在读护理学和教育学的联合博士,在护理学和教育学领域分别有一位导师。她的研究兴趣是男孩的身体政治(body politics);她一直从事青少年工作,这个课题来源于工作。她一边写摘要一边完成学校规定的研究工作,这些工作让她牢牢地固定在"学生"模式。写摘要要求丹尼斯以新的方式讲话,毕竟她不是完成老师要批改的作业。不过,接受自己的新立场并不容易。下面我们节选了丹尼斯开题报告初稿的前两段和最后两段来看她如何控制议论的部分。

习作7.1 丹尼斯努力寻找论点

青年男性与健康：探讨身体教学法和健康男性气概

对于肥胖的担忧在当代有关健康的话语中屡见不鲜。例如，最近的英国健康政策表明，大部分英格兰人的体重超标或肥胖，这包括30％年龄为2-15岁的儿童（健康部，2013）。同样，世界健康组织在1998年发布的题为《肥胖：预防和管理全球时疫》给出了肥胖率表格，指出我们正处于全球性肥胖病的"流行"之中。越来越多的儿童和青年人被认为处于肥胖以及与肥胖相关疾病的危险边缘。有关肥胖的文献主要集中于探讨人们认为的童年期运动缺乏、饮食以及肥胖程度迅速提升的说法这三者之间的关系。

在英国，对于肥胖的担忧已经促成寻求解决这一问题的多种政策（例如Change4life，DoH，2008）。儿童尤其成为这些政策的目标群体，因为他们被认为虽然处于肥胖或与肥胖疾病的风险更大却也更容易被改变。被监护人虐待和杀害的英格兰女孩维多利亚·克莱比的案件被视为是唤起对儿童肥胖问题重视的重要事件。鉴于相关服务长期无法认定虐待儿童的事实，维多利亚·克莱比事件引发了公开质询和公共改革。雷明报告（2003）指出，对儿童的保护"不能与提高儿童整体生活质量的政策分裂开来"。这意味着对儿童健康更广泛的关注依赖于通过话语构建的政策，这里的话语涉及严重虐童事件对道德的震撼……

……随着肥胖症话语的剧增，"脂肪恐惧症"已经在健康教育和体能教育中被常态化和机构化。"超重"和"肥胖"等字眼本身已经很强劲，促使人们认为较高体重要么是致病因素要么就是疾病。这种看法强化了人们把肥胖与疾病连在一起的成见。接受肥胖的活动家摒弃了医学对于高体重的认识，而提倡使用"肥胖"来谈论块头大的人并把这样的体征看成是自然的和所期望的多样性的一部分（Saguay and Ripley，2005）。用这种方式看待肥胖将意味着我们应该提倡更大程度的社会包容，而不是把体重较高的人群视为异常。

鉴于现有文献中的这些冲突，本项近聚焦的研究意在更好地理解肥胖话语的（多种）影响，探究身体教学法如何影响年轻男性建构健康和具有男子气概的身体。

丹尼斯的导师对她作业式的文体风格非常担忧，特雷萨·利利斯（Teresa Lillis，2001）把这种风格叫做"散文家"。丹尼斯的文章不仅概念模糊，还糅合了某种清单式的总结模块。她把肥胖作为研究问题，但并没有去评估文献来突出文献中的不足或可能存在的问题。换句话说，她没有开出自己想要占据的领域。她只在最后一段才试图去填补她尚未完全开拓成功的空白。而且，只有一句话！

丹尼斯的第三稿有了很大进步（习作7.2）。为方便比较，下面的节选仍然只包括前两段和后两段。

虽然这个版本的问题陈述仍然存在问题，但显然比上一版更加成熟。丹尼斯不仅仅引用政府报告，而是以话语的概念开头，一开始就抛出了认识论的问题。通过使用例如"强劲"和"有争议的"这样的字眼来表明她正进入一个充满不

习作 7.2　丹尼斯开始议论

> **青年男性与健康：探讨身体教学法和健康男性气概**
>
> ……随着肥胖症话语的剧增，"脂肪恐惧症"已经在健康教育和体能教育中被常态化和机构化。"超重"和"肥胖"等字眼本身已经很强劲，促使人们认为体重较高要么是致病因素要么就是疾病。接受肥胖的活动家摒弃了医学对于高体重的认识，而提倡使用"肥胖"来谈论块头大的人并把这样的体征看成是自然的和所期望的多样性的一部分(Saguay and Ripley, 2005)。
>
> 对于肥胖的担忧在当代有关健康的话语中屡见不鲜。例如，最近的英国健康政策表明，大部分英格兰人的体重超标或肥胖，这包括30%年龄为 2 - 15 岁的儿童(健康部，2013：p.1)。同样，世界健康组织 1998 年发布的题为《肥胖：预防和管理全球时疫》给出了肥胖率表格，指出我们正处于全球性肥胖病的"流行"之中。越来越多的儿童和青年人被认为处于肥胖以及与肥胖相关疾病的危险边缘。这些报告的证据来源突出了童年运动缺乏、饮食以及肥胖程度迅速提升的说法这三者之间的关系……
>
> ……我们并未完全了解近年来对肥胖杞人忧天的态度对于青年人有何影响以及他们如何理解什么是健康的身体，也较少了解青年人对这些话语的反应——不仅仅是他们被同化，还有如何对抗、拒绝以及在日常生活中如何重新定义这些话语。在试图解释消费模式和习惯时，不仅要考虑与社会地位(种族、阶级和性别)有关的经典变量，也要考虑社会和文化情境，这一点非常重要。
>
> 鉴于现有文献的这些冲突，本项近聚焦的研究意在更好地理解肥胖话语的(多种)影响，探究身体教学法如何影响年轻男性构建健康和具有男子气概的身体。青年男性在有关身体形象和男子气概如何潜在影响他们对于健康话语的不同反应的研究中很大程度上不在场——因此，也很少涉及更广泛的对于青年男性健康和健康教育的启示。具体来说，这类研究旨在探讨身体教学法如何影响青年男性建构以及表现健康和阳刚的身体。

同看法和观点的领域。这是一个评估的立场，随后她使用理论("常态化""机构化")将自己置身在一个特殊的实践共同体中，即使用福柯理论研究健康问题的学者群体。

前一个版本只有很少笔墨去填补空白，而这一版增加到两段。丹尼斯使用了议论性的语言："并未完全了解""较少了解""考虑……非常重要"和"鉴于这些冲突"。丹尼斯完成了 CARS 的前两步，即建立领地和研究空白，但还没做到第三步，即填补空白。她描述了社会情境、阶级和性别对研究的重要性，但还不知道怎么来议论。

显然，丹尼斯可以通过写这样的概要学到更多。她还需要继续改进方法论、方法和研究设计这些需要包含在开题报告中的部分。丹尼斯的导师可以通过让她反复修改这篇概要教她很多学术写作的东西。这样的教学比让学生一直闷头写直到最后才自己发现自己缺乏议论和研究空白要好得多。

从中间开始

在本章开头我们提到,一个议论包括立场陈述(主题);按逻辑顺序组织的、有证据和范例支持的、由不断累积的关系连接的一系列观点以及肯定和重述主题的总结部分。之后我们概括了如何使用 CARS 来发展立场陈述,也就是研究者想要探讨的问题和疑惑。

现在我们来看博士生在完成田野工作和文献查找之后会做什么。他们已经拿到堆积如山的资料并完成了大部分资料分析。接下来呢?他们必须把论文写成一篇议论。但是,我们认为博士生只有再做一些很严肃的拓展写作才能知道议论的全貌。我们把这个叫做中间工作(middle work)。

中间工作:片段与章节

博士生经常把在候选人阶段进行的写作看作是章节:"我正在写文献综述/方法论章节"。显然,认为学位论文的一部分可以提早写完会让人感到有成就感甚至有点如释重负。这样,剩余的工作量自动减少,而且似乎变得更容易掌控和应付。

但是不成熟的章节写作常会与 IMRAD 模式重合。过早开始写章节的不足之处在于章节可能不适用于后来的论文,即缺乏全貌,没有连续和长期的论点。很可能这些过早完成的章节会使整体的文本不连贯,或者需要很多推翻重来的工作。

这并不是说早期的工作没用。我们会催促学生在博士研究的整个过程中都保持写作。我们认为学生写的是"片段",而不是章节,是对于主要思想、资料和方法论较为"临时"的组合。这些片段可能是"写作札记",也可能只需少量修改就可以进入最后的论文。我们会要求学生写下自己的研究问题、相关领域的知识发展现状和方法论——经常会多次要求。这些写作片段对于理清思路和发展作者在终稿中的立场非常重要。

片段是有内容的,而不是随便写出的好几页。它们是非常实在的文字,用来探查、检测、议论和解读研究的具体内容。帕特和芭芭拉最初也写过这样的片段来构建这本书的章节。我们发现把想法写下来——以便知道自己必须要谈及哪些内容——可以帮助我们把想法有序地组织起来,并围绕中心思想进一步发展。

当博士生马上要完成田野工作并开始考虑如何写最后的学位论文的时候,我们要求他们先写一些有关收集到的资料的片段,这样有助于资料分析和理论建构。

想象博士生现在已经有写作的片段和各种资料分析的结果。他们必须把这些东西放在一起成为议论的中期作品,以便写作讨论和结论部分。这里我们提供一个相关的技巧。

用故事板来创造中期步骤

故事板有点像小说的情节策划,只是策划的不是情节而是议论。故事板可以有多种用法。首先有数码思维导图,比如 Scrivener 的软木板(corkboard);还有 Apple 有个程序叫做故事板(Storyboard)。我们这里介绍的故事板用的是纸和方便贴。

开始之前,导师最好让博士生思考以下三个问题:

(1)对比一开始我对 X 所不知道的,现在我知道些什么?

(2)这如何解释?

(3)为什么我认为我的研究产生了这样的新知识?

这些问题把博士生放在总览的立场,帮助他们关注通过研究创造新知识的必要性。思考这些问题之后就可以开始写故事板了。帕特在她的博客中描述了两种方法:自上而下和自下而上(图 7.1):

故事板提供了一个博士生可以退后一步在资料中寻找更大类群的技巧。博士生很容易陷入细节无法自拔。在分析资料时他们会深陷其中,他们需要一定的距离来找到模式、顺序和立场。他们必须寻找流向。他们必须找到组成论点的各个步骤的逻辑关系,也需要找到一个角度来反映自己完成的工作,这是实实在在能抓住"大思想"的工作。这个"大思想"随后可以被分成 2 - 3 块,最终成为研究发现的章节或主题章节。

故事板可以延伸到包含整个学位论文而不仅是中间部分。故事板有助于描绘出整体论点的发展步骤,反映论点如何建立、组织和证实直到得出令人信服的结论。导师也可以把已经写好的文字做成故事板。也可以用已经出版的学位论文,尤其是所在领域的"榜样论文"和博士生讨论写作议论的步骤。这可以是非技术性的讨论,使用熟悉的语言,目标是理解和明确论点如何在章节**之间**展开。导师是主导,要向学生展示论文的结构而不是死板地遵循传统也不是套用公式化的 IMRAD。

自上而下

　　你有把论文融为一体的大思路并且知道两到三个或四个从分析中来的元类属。这些是章节。每一章就是一页。把这几页平铺在地板上或一张大桌子上,也可以用标签别在墙上。他们应该是什么顺序呢? 把他们排序并编号。现在拿出一盒方便贴。把资料分析的小片段和写作片段转化成最多2-3句,写在方便贴上。举例来说,这些小纸条可能是有关质性分析的主题或问卷调查的分类。把几个方便贴贴在相关的章节页上,然后按顺序放好来形成这个章节的论点。这是一种考虑内部步骤的方式。你可能会发现,为了得到最好的排序需要把方便贴在页面间移来移去。最后,根据"大"的移动为每页命名。

自下而上

　　把所有的东西都呈现在方便贴上——每个主题或分析类属用2-3句表示。然后从方便贴中分门别类。哪些是逻辑上可以放在一起的? 尽量分出二、三或四组方便贴,把这些放在一页上,看作一章。总括的大类属是什么? 叫什么比较好? 把纸页别在墙上或者放在地板上或桌子上。现在把方便贴以逻辑顺序组织起来,像自上而下的方法一样;如果某些方便贴更适合放在其他页就进行相应的移动。

　　在对每个章节的方便贴进行分类的同时,你可以想想每章可能的概要是什么。在心里大声默念。对,大声点。下一步是为每页写一篇长的概要。当然你可以用方便贴来指导写作,但通过写概要对于章节内部论点进行进一步的重复可以为最终的论文写作提供很好的思路。

图 7.1　用故事板表现论文结构

(来源:http://patthomson.wordpress.com/2013/03/28/story-boarding-the-thesis-structure/)

　　但在学生动手写正文之前,他们最好先写个摘要,保证议论连贯流畅。

写论文摘要

　　库利(Cooley)和莱克沃维奇(Lewkowicz)(2003:112)对论文摘要提出了如下的建议:

　　　摘要　是在研究完成之后作者非常确切知道正文内容的时候写成的。它是对正文的总结,告诉读者论文里有些什么以及以何种顺序呈现,是读者总览全貌的路标。它是论文最后完成的部分,却是读者第一眼看到的东西之一。实际上,如果摘要写得不好,它就会变成论文唯一被看过的部分!

(Paltridge and Starfield, 2007)

　　我们强烈反对这种观点。摘要不是总结,而是议论。它也不应是最后完成的部分。我们把写摘要看作一个反复的过程:很早就开始,修改、反思直至最后。

　　太多时候摘要被忽略了,一直等到论文完成之后才写。摘要被视为必要的累赘,不拖到最后一刻绝不动手。自从我们开始关注写摘要(Kamler and Thomson, 2004)以来,我们就认识到,摘要有令作者投入到对学术写作至关重要的文字工作/身份认同工作中去的魔力。

　　现在,我们认为写摘要对于导师来说是一个重要的教学策略。这可以帮助博士生明确论文的贡献——不仅仅是发现,而是在"晚餐会"的对话中占有一席之地。在好的论文摘要中,博士生讲话具有权威,作者不是简单地描述或报告下一步,而是界定所做的研究和明确具体的观点。换句话说,写摘要帮助博士生成为所在领域的活跃的参与者和实践共同体的合法成员。博士生表现为一个学者(虽然正在形成),掌握了重要的知识、看待事物有一定的角度并且开辟了自己的领地。这似乎有点虚张声势。但就是这一步把具有权威立场的学者立场体现在文字里,从而创造出一个更自信的学者。

　　我们注意到,风靡世界的研究生"三分钟论文"和"快酷(Pecha Kucha)竞赛"已经肯定了用摘要教学的重要性。这类竞赛要求博士生把自己的研究定位在大众能广泛接受的水平上,然后博士生要像写书面摘要一样认真地聚焦在研究为了什么、是什么、怎么样、哪里、何时和然后怎么样这几个方面。就像回答在超市排队时有人问的问题:"你的博士研究是关于什么的?"

　　我们认为一个摘要由四步组成,我们称为定位、聚焦、报告、议论(图7.2)。

　　定位:把论文放在实践共同体的情境和学科领域中。揭示或提出较大的问题和争论,并尽可能突出问题所在。作者对研究的定位是为了确保研究的贡献和重要性,同时也把研究告知超出作者所在地的国内(和国际)的研究者群体。

　　聚焦:指出论文要探索、检视或调查的特定的疑问、问题或问题类别。

　　报告:描述研究、样本、分析方法以便向读者确保论文可靠和可信。同时也描述与要论述的观点相关的主要研究发现。

　　议论:通过呈现分析结果来展开具体的议论。这一步超出了描述,非常可能包含用于解释研究发现的理论。这部分可能有预测,但总包含观点和立场。为了表现论文开始承诺的具体贡献,这部分会回到"定位"。它回答的是"然后呢"和"下一步呢"这样的问题。

图7.2　论文摘要的四个步骤

　　导师可以在学生从头开始写学位论文之前就教他们做这几步。讨论各个步骤的师生见面会将有助于开展有关论文结构的讨论。习作7.3展示了詹妮弗论文终稿的摘要(在第六章我们还分析了这篇论文的主题),在摘要里有些步骤展现得比另一些要好。

习作 7.3 詹妮弗突出研究问题

有关移民妇女与澳大利亚法律的叙事研究

定位：

聚焦：本研究用批判叙事的方法探讨移民妇女如何经历澳大利亚的法律。本文比较妇女对于亲身经历的叙述和职业调停人及法律从业人员对于同样事件的叙述。两种描述比较明确地显示出移民妇女所经历的隐性歧视，尽管他们打赢了官司。这样的歧视对于移民妇女的日常生活和他们处理有关机构的问题，例如法律，有着重要的启示。

报告：本研究使用三个相互交错的理论框架：批判性种族理论、批判性合法女权主义和基于后结构女权理论的话语和代表的理念。本文有9位被访谈者，她们在移民、住房、消费问题、工作关系、受害补偿和家庭暴力几方面的经历被总结成文并交给五位法律人士和四位社会福利人士评价。本研究的分析建立起这些妇女的法律经历、专业人士的解读和更广阔的社会种族和性别话语之间的联系，从而拓展了现有的对于移民妇女的认识。

本研究第一个主要的发现是，尽管几乎所有的法律干预都是成功的，移民妇女却仍然认为缺乏公正。这很明显地表现在她们身上带有的忧虑反应，还有对于诸如欺骗、排斥和挑战法律的严厉报复的描述。在大部分案例中，她们的生活并未得到改善，因为法律干预的结果是有限和不确定的。

第二个发现涉及职业叙事的形成过程。尽管在每个职业团体里都有一系列的观点存在，但是法律叙事呈现"万花筒"式的视角，而社会和福利叙事对于移民妇女的法律经历给出更多的"全貌"。这些视角受到职业人士在法律过程中不同的立场以及他们接触移民妇女当事人的切入点的影响。本研究认为，他们的观点可能会彼此呼应，尽管这似乎很少发生。

最后一个发现涉及歧视潜在的不可见性。这些妇女经历的多种不公正很少被她们自己或职业人士认为是某种形式的歧视。只有那些理解了歧视已融入更广阔的文化叙事中的人才能把看似孤立的事件上升到系统性歧视的理论层面。

议论：本研究认为种族和性别歧视是隐秘而系统地进行的，这令移民妇女在生活中付出高昂的个人代价。在突出妇女经历和法律干预成功之后的情况的同时，本研究质疑澳大利亚法律体系中种族和性别的中性化。本研究为机构如何滤出负面的饱含歧视的经历提供了新视角。研究结果让公众在一定限度内了解了种族和性别歧视如何影响澳大利亚移民妇女的生活。

在缺少的"定位"部分，詹妮弗仍然需要充分强调她想探讨的问题"在世界各地"都很重要。她需要为自己的研究开辟空间。摘要其余的部分写得很好。"聚焦"和"报告"都很清晰。虽然"议论"部分可以再稍微多写点，而"报告"部分可以砍掉一些，但是摘要目前的版本对于中期和后期的论文来说已经足够了。

在摘要能够总括论文整体的论点之后，我们还需要两个步骤来组织贯穿论文的逻辑。

巧用议论

在描述和传达论点之后,还有两类重要的文字工作要做。第一是要保证文字上的平衡;第二是在提出论点时保证使用足够的标识和简洁明了的标题来引导读者。

检查文字的平衡

在构建议论性文字时一个很重要的问题是如何确定每一步的相对比重——每节分配多少字数以及占总体的比率。

我们跟很多同事都交流过审阅那种绕来绕去都到不了论点的论文时的无奈。论文作者花太多的时间在建立论点上,事无巨细地讲述相关研究或者细致入微地讨论认识论和方法论,以至于真正读到研究结果时,论文的大半部分都已经过去了。写作不平衡的文章常常理论不足、研究发现不充分,只有几页肤浅的推荐。我们见过把方法论部分的讨论缩减成对于研究工具的简要描述,然后把每个工具产生的数据资料冗长而繁复地呈现出来的论文。这两种论文都没有合理平衡各部分的比重。

前置装载(frontloading)和**后置装载**(backloading)(Dunleavy,2003)很形象地比喻头重脚轻或脚重头轻的论文。前置装载论文的作者花大篇幅在文献和方法论上,而花在实际研究上的篇幅却不够。后置装载论文的作者用很长的篇幅来描述理论化不够的研究发现。

帕特里克·邓利维（2003）提出,学生并不太清楚开头和结尾的篇章的比重怎样才算合适。他认为前置装载是一种不利于写作的常见的错误。

不要……把好东西都挤在文本的后三分之一或四分之一的部分,尽管好多人都这么做。大部分人文与社会科学领域反复出现的问题就是学生在引入主题部分花了太多的时间和精力,结果写出了冗长、无趣、价值低劣的几章,直到最后读者才看到一点点原创性的东西。

(Dunleavy,2003:51)

既然博士研究的目的在于对学术的原创性贡献,那么详细地描述问题、领域和方法论就非常重要。同样重要的是阐述研究真正的贡献——研究发现并不是未经处理和加工的发现——以及讨论这些贡献的重要性。讨论部分大多数时候被认为是必写的部分，而不是从头到尾都需要的议论部分。

标识和标题

博士生有责任在论文中引导读者，让论点昭然若揭。这项工作并非游离在写作和理解议论之外，而是议论本身的一部分。

我们完全明白让学生从读者/评阅人的角度去看待自己的论文并不容易，尤其考虑到他们是第一次写像书一样厚的文本。但这样做至关重要。

标识（signposting）和标题（heading）是帮助读者理解议论的结构和顺序的两个工具。大部分指南书指出，论文的读者应该从头到尾得到指引，开头应该有文字来解释每一章/节/小节的内容，但提及如何结尾的书很少。我们发现让学生想象读者读到结尾处会怎样对他们很有帮助。在结尾时，他们需要问自己：我最想让读者记住这一章/节的哪些东西？从逻辑上来说这些东西导致的下一步是什么？这些问题的答案就是结尾。结尾出现在章/节/小节的最后：总结已有的主要观点和预测下一步。

学位论文的每一节和每一小节都包含很多段落。每一组段落就像俄罗斯套娃一样都有开头和结尾来传达主要信息；每一段都有相应的主要起始句和结束句。下面我们从艾伦的博士论文里节选了一段来举例说明段落的标识（习作7.4）。我们给句子编上号码来突出作者对读者的指引。

习作7.4 艾伦指引读者

> ［1］澳大利亚的大学经历了一个迅速变化和扩张的时期。［2］如前所示，新高校的创立使高校的数量得到提升，经过合并，新兴大学的在校生也大规模地增长了。伴随这种所谓的"扩张"（Marginson, 1997）的是野心勃勃的商机，即录取国际学生是为了换取利润而不是帮助他们（例如之前以"科伦布计划"为代表的项目）。这种现象不仅存在于澳大利亚本土，也存在于本土大学在其他国家的校区以及合作伙伴。［3］正是由于这些问题的影响，在有关大学的讨论中教育质量成为一个重要的议题。［4］现在我把这些问题作为大学建构教育质量和在线教育的情境来加以具体讨论。

这段中艾伦帮助读者记住他的论点。第一句标出了论点。第二句提醒读者有关扩张的证据已经给出，并树立标识表明这一段是从一个论点转到另一个论点。第三句是对前三句观点的总结。第四句说下一节会分别对这些论点提供细节。

格拉夫（Graff）和伯肯斯坦（Birkenstein, 2010）的"元评论"的概念明确地指

出了作者为什么和怎样把文本的意义解释给读者。他们谈到两个关联的文本，一个是提出论点，另一个是区分出

……你的观点，免得让读者与别人的观点混淆，并且预测和回复反对的意见，把一个观点连接到另一个观点，解释为什么你的结论可能有争议等等。

(p. 130)

元评论发挥着重要的作用。面对复杂论点的时候读者很容易迷失。博士生想要避免引发自己不想引发的反应，想要确保自己的论点不被误解为其他的观点，使用元评论能够防止读者过多关注论点的细节而错过它整体的重要性。正如格拉夫和伯肯斯坦所述：

……无论你是多直截了当的作者，读者总会需要你帮他们抓住你想表达的意思。因为书面文字很容易被曲解和被诠释成各种不同的意义，所以我们需要元评论来遏制误解和曲解。

(p. 130)

元评论有很多种，格拉夫和伯肯斯坦提供了一些元评论如何组成和使用的模板。在图 7.3 中，我们修改了一个他们的模板，以便博士生可以练习写作元评论。

> 以任何合理的方式补全以下的元评论模板：
> - 在谈及_____时，我并不是说_____。
> - 但是我的论点并不仅仅是证明_____。在本章，我还会_____。
> - 我有关_____的论点强化了很多____认为的_____。
> - 因此，我相信_____。不过，请让我补充并解释我是怎样得出这个结论的：_____。由此，我相信_____。

图 7.3   元评论模板练习(改编自 Graff and Birkenstein, 2010：138.)

不过，仅仅通过解释性的和介绍性的话语和简单的总结来引导读者理解论点是不够的。合理使用标题和副标题也能帮助传达论点。这就是为什么我们在第四章建议博士生们在阅读期刊论文时要浏览摘要、引言、结论以及标题来理解文章主要的论点。

邓利维(2003)的书中有更具体的范例来展示如何使用标题、副标题和段落主题句，书的第四章(《组织章节或文章：微观结构》)的讨论部分非常值得一读。

导师可以和学生一起阅读已经发表的论文，看标题、副标题和段落开头和结尾是怎样的。在表 7.2 中，我们简化了琳达·麦克道尔(Linda McDowell, 1997)的

书《资本文化：城市中的性别》的第一章，只包含标题、副标题和主要的句子，目的是给读者展示这些标杆是如何引导读者进入论点的各个步骤，并标明接下来是什么和之前做了什么。这一章对于厘清所在的领域从而为自己的研究创建必要性也是很好的范例。表 7.2 中，有些地方包括标题和紧跟标题的第一句，有些地方只有标题——这样做的目的是更容易地跟从麦克道尔议论的逻辑。我们用粗体的格式来展示不同标志的顺序。

表 7.2　琳达·麦克道尔的书《资本文化：城市中的性别》第一章

章节标题	全面思考工作：性别、权力和空间
第一个标题 第一句	**引言，组织，空间和文化** 在本章，我想对照多套文献来发掘变化中的组织和付酬工作的分布问题，尤其是女性化问题。这一问题会在本书各章节中以不同方式来探讨。
第二个副标题	**男性的工作，女性的工作：20 世纪 80 年代和 90 年代的雇工变化**
第三个副标题 第一句	**解释组织和工作地的变化** 在本章的下一部分，我想把重点从实证转到理论上来，检视有关工作、组织的变化以及劳动的文化和性别分工的系列理论文献，这些文献影响到本研究所关注的雇佣的性别模式、升职以及在投资和商业金融中的社会互动。
第四个标题 第一句	**工作中的性别隔离** 但是，在从组织转到身体之前，我想通过解释长期以来劳动力市场明显的性别分化来对劳动性别分工和职业性别隔离的分析途径作简要的历史回顾。
第五个标题	**性别化的组织：性别化和再性别化的工作**
第六个标题	**常态化自我**
第七个标题	**工作中的身体**
第八个标题 第一句	**工作的地点和空间** 尽管这些不同的文献对于性别、工作、权力和组织有透彻的论述，但它们似乎完全忽视了地点的重要性。
第九个标题 第一句 第二句开头 第三句开头	**结论** 在本章中，我从理论和实证的角度展现和解释了女性如何成为劳动力。 我已经论证了…… 这座城市（The city）和我在第二章转向的城市（The City）……

　　要明白详细的论点需要通读麦克道尔的文章,不过通过表 7.2 列出的论点的步骤基本可以看出全文的基本情况。我们应该注意到,麦克道尔在建构这些步骤和标识时是多么惜墨如金。标识和标题不能僵化,这很关键;标识过多和没有标识一样单调乏味。八股文似的晦涩难懂的风格和过度引导的文字读起来很无趣。

　　写好博士论文的目的是使概念、研究发现和论点铿锵有力和令人信服。复杂的文章并不需要用模糊的句法。评阅人不只是关注论文的全面性和质量,更关注论文是否用词得当、观点新颖和可读性强。学位论文不是观点的墓地! 因此,考虑可读性非常关键,这是结构的一部分。

创造可读性强的文字

　　罗兰·巴特(Roland Barthes,1970)认为文章可以分为读者型(readerly)和作者型(writerly)两种。读者型文章把读者看成文章的消费者,而把文章看作是固定的、静态的和简单直接的既成品。读者型文章似乎很“透明”,目的是“掩盖所有生产特殊的社会现实的痕迹 (Barthes,1970:244)”。读者的角色仅限于接受作者已经预先决定的语义。

　　与此形成鲜明对比的是作者型文章,它要求读者成为语义的缔造者。作者型文章具有开放性,容许无限诠释,灵活而不僵化。作者型文章“发掘……文化声音或符号”“发现多元性而非一致性”,而且“预示着不断变化而非恒定的语义(Barthes,1970:246)”。读者的角色是通过与作者的文字对话来得到自己的语义;换句话说,读者为自己重写了文字。巴特认为,作者型文章更高一筹,因为它让读者和作者成为语义的共同创造者。

　　在讲清论点过程中,博士生有时会忽略创造作者型文章的必要性。用固定格式写成的死气沉沉、生搬硬套的论文被很多导师诟病为极度不友好(见 Billig,2013;Sword,2012)。这类无趣的论文很难让读者揣摩、设想和诠释。这种论文可读性太差。

　　但是解决论文无趣的办法既不是增加花哨的语言,也不是摒弃读者型的结构,而是采取更加作者型的立场。

　　评阅人看重每篇论文区别于其他论文的独特之处。博士生或许可以想象自己的论文正被极度憎恶无趣文章的福柯（Foucault）所评阅：

> 我忍不住设想一种尽力不评价却能让作品、书籍、句子和思想重获生命的批判：这种批判将点燃火焰，静待草丛生长，听风的声音，在微风中捕捉海的气息并四处散播。它扩大的不是评价而是存在的信号；它将唤醒这些信号，把它们从沉睡中拖起。也许有时它会创造信号——更好的信号。更好。句子堆砌的批判让我昏昏欲睡；我想要闪烁着想象火花的批判。它不穿专制的红色。它是暴风雨前的闪电。

（Foucault，1994：323）

让论文评阅人保持兴趣和激情并从阅读中得到信息显然很有益。论述谨慎而富有逻辑并不是要求作者像福柯提到的仅仅"传递"昏昏欲睡的句子。如果"暴风雨前的闪电"有点难以企及，那么可以鼓励学生把写作视为手工艺品，从而创造出更生动的文字。

这意味着首先要认识到语言的可塑性和被建构的本质。盖姆（Game）和梅特卡夫（Metcalfe）（1996）解释说，有关写作的任何东西都是精心创造的：

> 写作是一种穿越纸页空间的旅行。传统写作的一个主要特点是线性，一个词接一个词，就像走路时一步接一步。读者跟着作者用笔墨规划出的路线，从左到右、从上到下、在理想状态下从书的第一页到最后一页。

> 这种线性的特点至关重要，因为不管是经验还是思维，天生都不是线性的。思维和经验或许并没有起始点和顺序：可能会同时发生而无法付诸笔端或有很复杂的关联模式。因此，写作并不是汇报思想，而是生产特定类型的思想和特定生活经历的描述，这区别于绘画、舞蹈和演讲所能提供的东西……不要忽视线性的机巧和文化的特定性。如果写作只是凭空捏造、东拼西凑或是假象，那么我们可以定位并审视写作过程中的选择。

（1996：109）

导师可以就写作大咖如何组句成文和规划段落为博士生提供结构化的指导。博士生为提升写作水平而进行的阅读是很有帮助的，阅读时要考虑起始段和结尾段的句子如何使用以及这些句子是否充分总结了前文和下文。我们想用包含强烈句式变化的范例来说明文章长度和句法如何互相影响。以下来自齐格蒙·鲍曼（Zygmunt Bauman）的文章。

> 我们的社会是消费社会。我们多少都知道消费者的含义。消费者是消费的

人,成为消费者意味着消耗物品:吃、穿、玩或用物品来满足人的需求和欲望。在我们的世界,大部分情况下钱是欲望和满足的中介,因此作为消费者还意味着——通常是这样——分配用于消费的大部分东西:购买,支付,把买到的变成独有财产、未经允许不让其他人使用。

(1998:22)

第一句只有 5 个字,第二句 13 个,第三句 33 个,最后一句 56 个。鲍曼在接下来的一段重复同样的句型模式:

消费也意味着破坏。在消费过程中,被消费的物品在实体上或精神上消亡了。它们抑或在实体上被"用尽"直到不复存在,例如被吃掉或穿坏,或者被剥夺了本来的光鲜感,不再引起人的欲望,丧失满足需求和期望的能力——例如,使用过度的玩具和播放过度的唱片——因此变得不再适合消费。

这里只有三个分别包含 6、14 和 60 个字的句子。鲍曼用这种结构来支持意义的分层:每一个句子不仅更长,而且建构在前一句的基础上。他用逗号、冒号和破折号来分隔短语,堆砌解释和范例:这样可以使语义清晰并增加重点。这样做的结果是形成一种既强硬又生动的修辞法。有了鲍曼的短语,这段文字很易于朗读。因此,读者可以自由地聚焦在语义上,通过总结相似或相反的例子,把论点关联到其他文字和活动,也许能够回忆起自己有关消费的观点和经验以及玩坏的玩具和用坏的唱片。

关注文字的美学特点也很重要,例如怎样使用形容词和副词会使得文章栩栩如生和考虑描述应该"厚重"到什么程度(Geertz,1973:第一章)。我们要求学生**不要**停留在表面上看起来很平实的文字,而是要理解言简意赅的艺术。以下的节选来自人类学家露丝·贝哈尔(Ruth Behar,1996)的文章。在文中她正为一段讨论有关女性健康与种族、宗教和性别关系的叙事文字作铺垫。

时间是 1992 年 10 月,玛尔塔子宫切除手术五个月之后。带着些许犹豫,我问玛尔塔我是否可以把她的手术写出来以在一个有关女性健康的学术会议上讨论。我害怕把她当成人类学研究对象会伤害我们的友谊,但是玛尔塔立即同意了。她说我对她的经历感兴趣让她感到很荣幸。

我们坐在她铺着白色蕾丝床罩的床上。玛尔塔身后是一面镜子,我努力在看她的时候不看自己的脸。小艾迪在客厅和大卫玩,我不想一个人开车来底特律,因此大卫全程陪同。录音机放在床上,我把麦克风对着玛尔塔。我们都不知道实际上录音机并未工作:等我到家以后才发觉,原来大卫忘了在麦克风里放电池。

在三页有格线的活页纸上,玛尔塔开始粗略地写出她的故事。我读着她手写的文字,注意到她很小心地把悲伤避而不谈;但是她有深深的孤独感,这种情感在简洁的文字里好几次不自觉地流露出来,最后停留在完成一半的文字上,"我一直努力不做一个自暴自弃的妻子,而做一个……"她把所有被社会和文化抛弃的痛苦忍在心里,所有从女孩到妻子中间的压力,还有初为人母就失去子宫的焦虑。

(Behar, 1996: 95)

贝哈尔没有直接写"我访谈了玛尔塔子宫切除手术的经历",而是用文字描绘出访谈的画面。在第一段,她提供了访谈的日期,由于知情同意的关系,在手术和报告之间有一段时间间隔。这些细节是描述性的,但有助于提高叙事的信度。这些细节勾勒出访谈的画面,作为存在于两人之间的研究活动,访谈可能促进双方关系的建立或破裂。

在第二段我们看到玛尔塔床罩的颜色和研究者露丝,她正努力不看镜子以便把视线放在玛尔塔身上。这当然是研究者尽力**不让**自身思想和观点占据主导的精彩的比方。我们也知道了研究过程中的失误。还有,在不干扰主题的情况下,贝哈尔告诉我们她也是女性,和研究对象有一些共同点。

在最后一段贝哈尔给出三张手写稿。这个小细节邀请我们去思考是否可以把生活经历付诸纸端,在字里行间读出引申义,以及在伦理范围内作者如何必须看到既得信息背后的东西。

这些匠心独具的细节所传达出的东西比字面上看到的要多得多。这个文本是作者型的:它邀请读者透过逼真的片段联系到自身更广阔的本体论和方法论上的东西。

导师可以让博士生找到他们自己文章里不完整或零星的、无法帮助读者建立自己心中画面的文字。导师可以试着使用暗喻、明喻、头韵和谐音——不是为了用而用,而是作为细致描绘可能的语义和促进透彻理解文字的一个手段。这样的文字工作可以帮助博士生明白学位论文怎样才能变得更加作者型、令人愉悦和富有深意。

小结

我们把本章的重点放在构建学位论文以及帮助博士生明白他们正在写的是议论。论文摘要是非常有用的策略,它可以帮学生关注整体的立论步骤,便于在写作中把叙述和总结放在文章恰当的位置。博士生可以检查自己写的文字是前置还是后置,并注意如何通过使用标题和副标题、开头句和结尾句以及段落顺序构建元评论。为了防止默认的 IMRAD 格式产生死气沉沉的文字,我们的结论是:创作生动和引人入胜的作者型的文本很有必要。

第八章
论文之外的发表

本书的第一版没有关于发表的章节,但情况有所变化,博士生们不仅需要在毕业之后有所发表,在读博期间的发表也越来越迫切。这一变化并非毫无争议。一些导师仍然认为博士生的主要任务是完成博士科研项目和学位论文,发表的事情留给博士生自行运作和管理。然而,稍微了解一下博士后的奖励或新晋讲师评选委员会的情况就会发现,没有发表记录的博士毕业生面临着很大的劣势。如今的大学通常期望应聘的博士毕业生已经有 2-3 篇的发表并计划发表更多。论著类博士学位(PhDs by Publication)也日渐普遍,学位申请人被期望能够在同行评审期刊上发表三篇乃至更多的论文才能拿到学位。

考虑到这些变化,我们认为导师们除了关心发表事宜之外别无选择。导师仅仅关注学位论文是不够的。我们明白这不是一个普遍的观点。但是,我们原来以学位论文写作为中心的博士生指导理念已经转变为以发表为中心。我们的另一本书《同行评审期刊论文写作:发表的策略》(Thomson and Kamler,2013)包含更多的相关讨论以及理论化的发表教学,在此不多赘述。本章关注的是导师可以做些什么,以及我们建议导师应该做些什么。

我们首先回到菲尔克劳(Fairclough)的三个层次来思考学位论文写作和为发表而写作二者之间的不同。

为发表而写作面临的挑战

图 8.1 把菲尔克劳的三个层次应用于期刊文章的写作。位于中央的是文本——也就是期刊文章;在它外面的一层是话语社区(the discourse community)

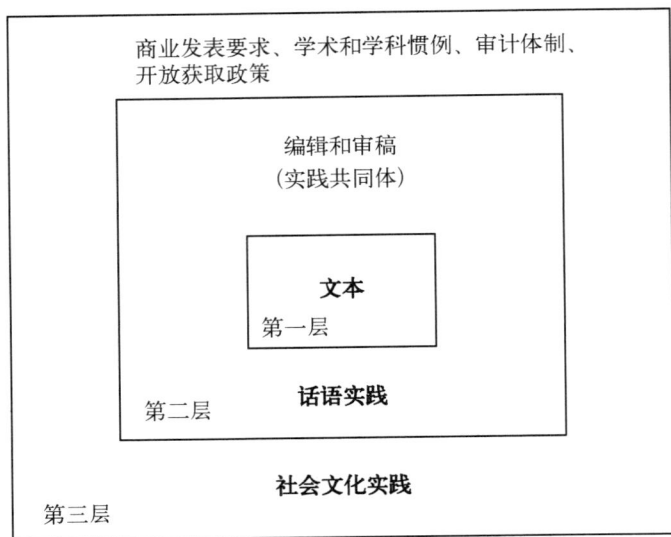

图 8.1 期刊文章的三个层次

和出版市场(如果是商业期刊的话)。这里我们同样也发现了行动性制度:通过高等教育资助政策、引用指数、晋升条例以及诸如英国的 REF、澳大利亚的 ERA 和新西兰的 PBRF 的审计制度得以实现。在写作时,商业出版社在这一层次的主导地位正面临挑战和争议。许多政府都已经对公开资助的研究做出了开放获取的规定,并且已经有越来越多免费的、可公开获取的期刊。这一层次正在急速变化着。导师一定要帮助博士研究者获取这第三个层次的知识,以选择合适的期刊和制定发表策略。

期刊发表的中间层次密布着编辑、编委会、出版商代表、读者以及期刊评审。编辑和编委会被选中是因为他们在实践共同体中的地位。成为编委会的一员标志着具有杰出的成就,可以获得同行的尊重。不过,审稿人群体是更加混杂的,可能既包含经验丰富者,也有实践共同体中相对的新手,以及拥有不同程度内部或外部地位的人。与博士生导师提供的支持相比,第二层次的人提供给期刊作者的帮助很少。

在商业发表中,绝大多数的互动不是面对面的,而是通过计算机化和匿名的提交过程、书面反馈和邮件沟通。一些开放获取的期刊也是如此。不过,有些期刊已经转而使用开放的评审过程,即文章原始的版本和非匿名的评审意见被发表在网上。现在还有任何人都可以对作者正在完成的作品加以评价的众包评审（crowd-sourced refereeing）。

相较于导师提供的更和蔼、更教学化的阅读，这些同行评议过程更加不可预测、更少被支持、更缺少个人化、更冷漠以及更仪式化。事实是，期刊文章发表的第二层可能更桀骜不驯，就像潜伏的怪兽。

斯蒂芬·蒙福德（Stephen Mumford）是研究性格的哲学家、教授和院长，他在推特（Twitter）上披露了自己曾经收到过的一篇野蛮的评审反馈：

读到 1996 年的一封旧的拒信。审稿人本来可以只说个"不"，但他却说我是一个对性格一无所知的白痴。

审稿人的评价很粗鲁并充满恶意，恨不得劝我放弃哲学。他很明确地表示我是个蠢货。

他十分自豪地给出了自己的名字。而我是个无名小卒。很庆幸我没有放弃。

也许那篇文章并不优秀，尽管他成为我性格著作的核心部分。

如果我评审一篇我觉得很差劲的文章，我会说它需要更多的思考——你需要考虑这些和那些。但我不会说你是个白痴。

尽管发生在 1996 年，但作者至今余怒未消。从他的回应中我们可以看到文字和个人身份是如何紧密结合在一起的，他们不可能被分开。当文字被批评的时候，作者也被批评。

当这样的伤害发生在博士生身上，导师作为与发表相关的多个人物之一有责任做点什么。在第二章中，我们知道导师在第二层中的任务是调和学科、机构、国家和文化习俗以及高等教育政策的要求。作为论文的第一个读者，导师代表了评阅人；但他的批判不仅仅是个人品位的问题，他是第三层中的学科的代言人。他同样指导、引导和支持学位论文的写作。当涉及期刊发表时，导师同样是一个批判的读者，但是教导、指导和支持则有所不同。导师提供有关期刊如何运作的重要信息，扮演着中间人，有时是合著者，并且帮助博士生处理拒稿并制定一个发表计划，这一点我们将会解释。

帮助博士生理解"期刊游戏"

有关期刊，导师可以提供的关键信息包括如何选择合适的期刊、理解为什么文章会被拒以及论述研究贡献。

选择合适的期刊

　　博士生需要明白他们不是仅仅为任何老旧的期刊写作。期刊为特定的实践共同体服务,每一个共同体都有共同兴趣、实践集成、理论和惯例。博士生可能不清楚自己属于哪一个或哪几个共同体。要确定哪些期刊合适,可以参考自己的研究最常用的期刊。即使博士生的实践共同体不同于导师的,导师仍然可以帮忙选择最"合适"的期刊。

　　这里的目标是让博士生想象第二层读者群所有具体与多样的特性。博士生必须为这个期刊、这个编辑和这个编委会写作。他们必须致力于达到第二层在发表"质量"上的要求。(我们在《同行评审期刊论文写作:发表的策略》的第二章提供了了解期刊的策略,包括查看编委会、目录、使命宣言和部分摘要等。)

　　选择合适的实践共同体非常关键。如果文章投到错误的期刊,很可能在未经审阅的情况下被退回,仅仅是因为不满足期刊最基本的要求。这就好像作者是通过刊名选择了期刊,而没有了解期刊真正的使命、方法论或学科领域。

　　选择合适的实践共同体可以获得正向的经历。《国际教育发展》(*International Journal of Educational Development*)的原编辑西蒙 · 麦格拉斯(Simon McGrath)在谈及博士生在实践共同体内的投稿时说:

　　我知道他们是博士生,因为他们像我一样是学术共同体的一部分,我认得他们的名字。他们的许多文章被拒绝了,但我倾向于"多走一英里"去试着用建设性的方式解释和重新提供反馈,很多文章最后发表了。同样有相当大一部分的博士生在期刊的特刊上发表了基于学术会议的文章。在这些案例中,资深学者们看到了博士生文章具有的真正潜力并帮助他们,尽管他们相较于其他作者可能需要更多的技术支持。

　　　　　　　　　　　　　　　　　　(麦格拉斯的博客评论,2013 年 4 月 29 日)

　　麦格拉斯的评论说明,当博士生在自己的实践共同体中投稿时,他们可以得到导师之外的帮助和支持。许多实践共同体的成员确实愿意帮助新成员融入,方法之一就是帮助他们发表。因此第二层中并非只有危机和风险,也有支持和帮助。

理解文章被拒的原因

博士生需要避免一些发表上的低级失误。泰勒·弗朗西斯出版集团(Taylor & Francis)的主任编辑格雷厄姆·霍布斯(Graham Hobbs)给出了文章被拒的十大原因：

1. 投给错误的期刊,不契合期刊的目标和范围。

2. 不是一篇恰当的期刊文章(即过于新闻化,或明显是一篇论文的章节,亦或是咨询报告)。

3. 太长(无视特定期刊的字数限制)或太短。

4. 不尊重期刊的惯例(未查阅投稿注意事项)或不尊重一般的学术写作规范。

5. 格式、语法或标点使用不规范；英语表达较差(未经母语为英语者的润色)。

6. 未表达任何重要价值(即未对相关主题做出新贡献),或以冗长篇幅陈述显而易见的事实。

7. 没有恰当情境化(如专注于狭隘的利益而忽视国际性或更广泛的读者需求)。

8. 缺乏理论框架(包括没有相关的参考文献)。

9. 内容混乱且明显未经校对。

10. 胡说八道、不合伦理、粗鲁。

看到这份列表,我们震惊于它和菲尔克劳第二层和第三层次所关注问题的相关度。第1、2、3和4点涉及具体的违背期刊惯例以及说明。第6、7和8涉及更宽泛的实践共同体以及广义上文章的相关性。

然而,从博士论文作者到期刊文章作者的转变并不容易。博士生的文章太多时候都太像"学生"写的了,也因为太容易被认出是博士生写的或太像课程作业而被拒。学术期刊编辑们给出的常见拒稿理由之一就是文章没有重点。作者试图面面俱到,最后却一盘散沙。他们忍不住将整篇学位论文压缩到一篇文章里。而大多数好文章却只有一到两个关键思想。同样有问题的是博士生无法就特定的读者群、更广泛的争议和目标期刊关心的话题来定位研究的学术贡献和地位。已经在多个期刊杂志从事期刊编辑工作十五到二十年的艾伦·卢克(Allan Luke)指出,明确性至关重要。艾伦目前是《国际教学法期刊》(Pedagogies，an International Journal)的编辑，他谈了关于博士生发表期刊论文的看法：

> 作者们可以获得编辑大约五分钟的关注。文章进来——无论何种类型，纸质版、电子版、网上提交版——我很累，已经深夜了。我还要看你的文章以及你的标题、摘要；文章的前 2 - 3 页绝对至关重要，它们呈现一个清晰、合理的世界观，阐述你要做什么以及如何去做。就这么简单。看这些文章我经常碰到的陷阱是我被淹没在文献之中，或是句法和专业领域的高深语言之中，我必须再三阅读才能弄清文章写的是什么。其实无论是批判民族方法学家、后结构女权主义思想家、准实验设计人员、可靠的科学家或诠释社会学家，都完全可能用普通读者明白的语言写作，根本无需让读者读五遍以上。

(http://www. educationarena. com/expertInterviewes/interviewcategory14/hped. asp，2012 年 5 月 6 日获取)

写得清晰明白对于正在学习实践共同体的语言和传统的博士生来说可能会很难，因此导师鼓励他们尽可能清晰地表述是非常重要的。

证明贡献和重要性

博士生有必要完全沉浸在自己的研究和它的重要性中。这很自然。但为什么其他人并未发现他们的话题或问题饶有趣味呢？博士生们需要学会说明他们研究的重要意义，同时要明白没有做好这一步可能导致文章不会被发表。评阅人的容忍度比期刊审稿人和编辑更高。他们更可能费尽心思地找到并指出研究如何为相应领域做出了贡献。

《体育和运动教育》(*Physical Education and Sport Pedagogy*)的编辑大卫·科克(David Kirk)将有关重要性的问题阐述得再清楚不过：

> 我们做任何事情之前的首要问题就是："这篇文章适合这个期刊吗？"……接着会问第二个问题："这是新闻吗？"换句话说，我们为何要出版一篇无助于推进理解特定问题的文章呢？其实有时候我们会用"热门话题"这样的词。"这是个热门话题吗？"……当然，我们也很有兴趣知道某些东西是否通过合适的方法论来研究、是否合乎伦理规范、写得好坏、是否植根于相关文献等等。所有这些方面都很重要，但如果没有通过"是否热门话题、是否是新闻"这样的检验，那么我们将联系作者并表示，即使你经过了评审过程，我们也不大可能发

表这篇文章……

(http://www.educationarena.com/expertInterviewes/interviewcategory9/cpes.asp,2013 年 5 月 6 日获取)

我们在本书中讨论过的许多策略,诸如 CARS,摘要写作和使用句子骨架,可以帮助博士研究者找到他们的观点和角度。导师们可以适当取舍来促进论文写作。即便博士生可以证明他们学位论文的贡献,在受保护程度较低的学术期刊证明同样的东西却不同。正如我们经常在工作坊里说的:"那儿有一片丛林。"

与博士生一起工作:中间人与合著者

博士生通常查阅大量的期刊并对期刊种类的数量感到吃惊。他们从同侪那里或社交媒体上听到过有关成功发表文章有多难和别人是怎样被审稿人狂批的恐怖故事。因此,导师除了给学生提供有关"出版游戏"的信息,还需要帮助他们克服胆怯。导师应支持博士生发展进入这一新的危险地带所需的身份认同工作。

研究表明,做好这项工作十分关键。迪纳姆(Dinham)和斯科特(Scott,2011:53)所做的两个国际问卷调查表明,对发表的支持与发表成果之间有密切的联系。来自导师的鼓励是学生进行发表的一个重要方面,"那些获得了这些协助的学生较之没有获得的更可能成功发表"。

出版中间人

导师的工作很复杂并包含多重任务。我们使用"发表中间人"这个名词指代导师们在协调博士生发表事宜中所做的教学工作。利利斯和库里(2006,2010)用"素养中间人"这一名词来描述学术同僚、编辑与语言专业人员在帮助多语言学者发表国际性的英语期刊文章所做的工作。他们将中间人的活动视为利用和生成一种形式的文化资本,可以使发表的结果产生关键性的差异。他们关注的对象是那些以第一语言写作,主要的发表障碍在于文化和语言的学者。我们关注的是刚开始以发表为目的来写作的新手博士生。他们正从安全的导师办公室、研究生的公共休息室和他们的母校转向匿名的国际舞台。

发表中介活动在调和审阅的过程上扮演着至关重要的角色。试想一位名叫山姆的博士生饱受负面的评阅意见打击以至于她决定不再重新提交修改稿(见Kamler，2010)。诚然，对她方法论工作的批评意见非常严厉。一个审稿人说："因此我质疑这个新的格式是否真的有任何创新或在论文声称的维度有新的东西。我觉得这是文章所涉及的研究的主要缺陷。"山姆对此非常沮丧，因而并没有仔细阅读编辑的信，实际上信中要求她针对审稿人的建议修改并在30天内返回。

直到她把信带给她的导师，她才明白这一点。尽管指出了许多问题，编辑其实是想要她的文章的。"30天"的意思是山姆需要赶上编辑的发表截止日期。需要马上行动。编辑认为山姆文章中的问题是"可修正的"。导师也这么认为。实际上山姆对相关文献的掌握程度远高于她在文章中呈现出来的那样，但她必须展示为什么自己的研究与前人研究的贡献不同，哪里不同——为什么研究有创新？提交的作品和之前的版本不一样——为什么这是新的？如果没有导师对修订过程的介入，她就不会重新提交了。

博士生并非总对审稿人的意见感到沮丧。一些人将修改和重新提交视作是一种接受，并有理由为此感到高兴。不过，他们有时会沉浸在快要发表的喜悦中但不明白到底需要做多少修改。

博士生萨利姆向一个国际同行评议期刊投了一篇文章；她的导师已经在英文表述上做了改进。在审稿人的意见返回之后，萨利姆通过电子邮件告知她的导师文章被接收了。

萨利姆：我收到了评审意见，是修改并重新提交。并没有太多要做的事情，我可以开始做了吗？

导师：对我来说这是比较大的修改，不过可以完成。第一个审稿人比第二个要开心，事实上第一个审稿人喜欢第二个审稿人不喜欢的地方。第一个审稿人主要希望你在结论上下功夫，而第二个则希望你修改方法、标题和文献，以及围绕背景做一些改进。我认为这需要一些理论化。不如让我试着看一下吧？

保守地说，萨利姆误读了审稿人的意见。她缺乏现成的经验去理解导师所说的需要认真的重构和理论化的问题。缺失的是定位(Locate)和可以提出观点的元评论。审稿人看到的是一些值得保留的有趣内容。导师看到的是如果增加一些理论,文章的潜在贡献会大幅增加。

为了介入萨利姆的文章,导师提出自己成为合著者。她首先制作了一份简短的陈述,阐述了她认为文章应该提出的论点,然后发给萨利姆让她看看是否可以接受。萨利姆同意以这种方式继续推进,于是她的导师写好了修改稿。导师做的主要是插入新的定位工作并介绍新理论以便展开议论。下面的部分选自结论部分的修改版,重写的句子表现了大多数博士生仅凭自己无法表现出的坚定而明确的立场。(为了突出议论性的立场,我们删除了有关内容的部分。)

这些活动没有考虑到＿＿＿＿＿＿。尽管他们意图＿＿＿＿＿＿,但事实上他们无法传达＿＿＿＿＿＿,因为他们没有充分考虑＿＿＿＿＿＿。通过这些中介行为,修改与合著的文章被重新提交,并在无需进一步修改的情况下被接收了。这是这个博士生的第一篇期刊论文的发表;显然,没有活跃积极的发表中介活动和进一步的合著行为,这一切都不会发生。

新手明显感到审稿和修改及重新提交的过程困难重重并难以理解。发表中间人可以帮助饱受伤害、担忧或是过于自信的作者诠释特定的实践共同体中所发生的情况,帮助他们进行有效的文字工作。与发表中间人谈论文章内容、更广泛(第三层)的学科传统以及目标期刊的传统(第二层)对成功发表有重要的作用。

导师可以帮助博士生把自己和文章区别开来,文章的差评并不等同于文章的作者不是一个好学者,只是说明这个文本需要下更多的功夫。如果有选择地应用,批评也可以很有帮助,导师们需要帮助学生在一开始就学到这一点。(化解批评的冲击以及指导作者修改和重新提交过程的策略见 Kamler, 2010。)

合著

合著行为在自然科学领域比在艺术和社会科学领域更为常见。博士生和处于职业早期的科研人员期待通过与导师合著得到学术上的指导。芭芭拉在她的一个有关博士生发表结果的比较案例研究中发现:

总体上来说,这六个自然科学的毕业生在写博士论文期间发表的文章比六个教育领域的毕业生更多,而且他们瞄准的期刊声望也更高——部分原因是他们的导师希望他们如此。在研究早期就开始写文章并和导师合著被认为是准备博士后的普遍和重要的方式。

(Kamler,2008:287)

这个案例研究证实了与导师合著对于博士生获得资历有重要的意义。是合著产生了国际评审的出版物;没有合著这就不会发生。合著帮助博士生从发表的焦虑和挣扎中解脱出来,教会他们如何在被拒绝和不断的修改中保持健康的心态。

作者合作的方式有很多种。在我们那本关于为发表而写作的书中(Thomson and Kamler,2013),我们区分出三种合著的策略。

1. 打字和交谈:作者们坐在一起,一边交谈一边轮流打字。这需要时间、空间与信任。

2. 分工与合成:在最初的谈话之后,一篇文章被分成几个部分后交给不同的作者去完成。最后由一个人负责将各个部分合在一起。

3. 初稿传阅:一个作者牵头完成初稿,随后交给其他作者修改。修改稿来回在合著者之间传阅和改进。

由于双方不对等的权力关系,打字与交谈在导师和博士生之间很难开展。博士生会对讲出真实想法有所保留,而导师可能会对提出异议感到尴尬或担心过度操控而对建议有所保留。

第二种和第三种模式可能效率更高,因为导师可以从确定合作之后起主导作用,确保博士生的充分参与。这是教学法的交锋。博士生是内容上的专家,导师是写作上的专家。但是导师也必须判断博士生可以做到哪些——这里的任务是拓展和挑战博士生的能力。

导师怎样才能把控这个过程呢?我们认为,任何合著教学法都需要从有关论点和内容的开放式谈话开始,但也要涉及分工。博士生可以利用谈话表达他们想要什么,而导师可以向学生明确学习的效果是什么:"这是我们要合著的原因,这是你应该要学的。"

博士生的担忧之一是他们的成果被导师"窃取"。确实有诸多这样的公众话题,也确有不合伦理的真实案例。因此导师要明确说明这个问题非常重要。方法之一就是在初次讨论合著的时候讨论谁是作者的问题。导师应该确定每个作者将做出多少贡献并以此决定谁是第一作者。我们的做法是让博士生当第一作者,除非我们完成了相当大量的写作工作。

一旦这个谈话已经发生了,应该如何构建合著体系呢?

一种方法是博士生将研究转为更广视角的模式、现象或话语的案例或范例。博士生把自己的研究写成一个实体,用简洁的形式试着写作研究方法和结论的一个层面。导师可以和他们一起修改和完善第一稿。导师把握案例的整体并写出初稿。初稿可能涉及研究的定位、讨论部分的写作和结论的呈现。导师可以向博士生示范如何组织一篇期刊文章的议论,并告知为什么要以特定的方式来写。

另一种方法是博士生完成初稿随后由导师进行加工,这就是"初稿传阅"的方式。这里很重要的一点是博士生不能感到导师在改错。如果让导师写初稿,博士生就会处于尴尬境地,觉得无法评论老师的写作。这种情况应该避免,除非双方已经建立了特别信任的关系。使用策略2"分工与合作"会减轻权力不对等的情况,虽然这在导师做了所有的改写工作而博士生什么都没做的情况下仍有可能发生。

在任何上述方法中,导师和博士生们在开始起草初稿前为计划的论文写一篇摘要是非常有用的。

小文本

写摘要在"为发表而写作"的过程中给导师提供了进一步的教学机会。摘要强调了权威和身份的问题。而这一切都蕴含于短短的几句话中!我们将摘要称作"小文本"(tiny texts),因为摘要把议论的修辞行为压缩在寥寥数语的简短文本空间中。但对教学工作而言,作用却很大。

博士生们需要学会如何写出引人注目的摘要。摘要的作者吸引别人来购买他们的作品并有可能选他们入围学术活动。博士生通过摘要把自己定位成特定实践共同体中的合理知情者。但总体来说,摘要是研究者被默认应该知道如何创作的东西。

我们研究了各种期刊中的摘要(Kamler and Thomson,2004)之后发现,这些摘要在体例和体裁上参差不齐并常常索然无味。为潜在的期刊投稿人提供的指南大多含混不清,专注于字长和间距,缺少实质性建议。我们开展了对摘要的分析,目的是找到它们的文字特征,从而为我们的博士生提供更多写作上的指导。

基于我们的分析,我们认为摘要并非是学术生活中枯燥乏味的要求,而是文字工作/身份认同工作的沃土(可以参照 Kilbourn,2001 中有关关注第一段落的好处)。摘要为博士生学着写出有说服力的观点,并为他们进一步熟悉机构和学术话语、传统和体裁创造了教学的空间。

在第七章我们介绍了写作学位论文摘要的四个步骤。图 8.2 展示了如何将这四个步骤应用于写作期刊论文的摘要。这个摘要来自我们自己在《教育研究者》(*Educational Researcher*)期刊上的文章。

论文指南书的失败:博士写作的替代教学法

定位: 焦虑的博士生们现在可以找到无数的指南书来告诉他们如何写出学位论文。虽然这些书在短期内可能有所帮助,但它们很少涉及博士生可以用来分析自己文本或理解焦虑根源的方法。

焦点: 本文通过对已出版书籍集成的文本分析来得到自我帮助体裁(self help genre)的一些特点,勾画出它们的核心体裁特征。

报告: 我们的分析表明,文本:与读者产生一种专家-新手的关系;将学位论文简化为一系列步骤;声称要揭示一些暗含的规则;并坚持确定伴随不确定的立场以便"恰当"地定位读者。

议论: 我们主张用更复杂的观点去看待博士论文写作,即它既是文本工作/身份认同工作,也是一种话语社会实践。我们拒绝传播教学法,因为它把学徒-老师这个充满权力不对等的关系常态化;我们转向另一种教学途径,即将博士生视为同事,共同投入到一个分享的、共同的、不平等的和不断变化的实践之中。

图 8.2　已发表文章中的四个步骤

(改编自 Kamler and Thomson, 2008)

在文章的**定位**阶段中,我们提出一个议题并指出它存在问题,同时,我们暗示我们有不同的看法。有鉴于此,我们给出一个具体的**焦点**,旨在让我们对已经确定的问题发表一些看法。在**报告**中,我们详细地给出了分析结果。在**议论**中,我们给出了一个理论框架并在此基础上提出了一个行动方案。标题中的词语"失败"清楚地表达了我们批判的态度,而"替代教学法"的短语说明了我们的贡献。

这四个步骤的具体内容可能因长度和复杂程度而有所不同。有时候文章所

处的领域有大量的争议,作者就需要针对这些争议陈述自己的立场。因此有时
"定位"部分会更具描述性,有时更具议论性。有的论证可能导出不止一个结论;
有些论证会对现存思想带来挑战,带来新的视角或对更普遍的议题有潜在的启
示。这些是步骤的类别,但无法决定说多少和说什么。

　　为了说明导师们应该怎样处理期刊文章的摘要,我们考虑了两个例子。第
一个例子发生在导生关系中,第二个发生在一个写作工作坊中。

伊丽莎白写摘要

　　伊丽莎白根据她的学位论文写了一篇期刊文章,是有关幼儿与信息和沟通
技术的互动的。她等文章写完之后才写摘要,结果发现摘要很难写。伊丽莎白
的第一稿(习作 8.1)只有一句话。

习作 8.1　伊丽莎白的摘要第一稿

> 　　在本文中我主张,对幼儿使用信息和交流技术(ICT)以及其他技术的认真分析表
> 明,我们可能有必要重新审视新兴素养教育中书籍的统治地位以及学校对学龄前幼儿
> 素养能力的期望。

　　文本很短,只有 45 个字。伊丽莎白没有将她对幼儿信息与交流技术(ICT)
的研究与任何社会、教育话题或先前的研究相关联。她甚至没有提到她在报告
研究中的发现。很奇怪"研究"这个词被完全省去了。她使用了短语"我主张",
但摘要并没有提出什么主张。她用动词"可能有必要"营造了一个谨慎的立场,
但没说清楚到底是什么可能有必要重新被审视。

　　伊丽莎白的导师提出了建议并和她进行了讨论。他们还一起坐在电脑前写
作,以帮助伊丽莎白在摘要中采取更权威的立场。导师坐在键盘前尝试多种方
式的表达,让伊丽莎白详述她的想法。伊丽莎白随后完成了第二稿(习作 8.2),
这一稿她仍然在努力地写议论。

习作 8.2　伊丽莎白的摘要第二稿

> 　　在本文中,我探究了三个即将升入小学的学龄前男童使用信息和交流技术(ICT)以
> 及其他技术的情况。我认为,无论是新兴素养教育中书籍的统治地位,还是学校对正式
> 入学前幼儿素养的期望,都没有关注这些孩子所展现出来的素养多样化;我认为这种关
> 注的缺失可能抑制孩子们在 ICT 技术和读书素养两方面的继续发展。

第二稿比之前更长(73 个单词)并包含两个句子。伊丽莎白用了"我探究"和"我认为",有点议论的意思了。她仍然没提到自己的研究,但"三个男童"作为研究的参与者更加明显了。"无论……还是……都没有"的使用营造了些许批判的立场,含蓄地对比了儿童在校外可做的与学校所提供的。但是,摘要仍然没有把研究放在更广泛的实践领域。研究定位在第三稿(习作 8.3)中出现了。如果我们套用那四个步骤,就会发现为什么这一版写得更好。

习作 8.3　伊丽莎白的第三稿摘要

> ［定位］近期有关早期和自然素养的研究严重低估了儿童使用信息和交流技术(ICT)及其他技术来发展素养的能力。读书一直被优先认为是幼儿最重要的素养。［焦点］在这篇文章中,我研究了三个幼儿如何幼小转衔使用 ICT,并且［报告］突出了他们多种模式读和写的复杂性。［议论］我主张,学校应该关注幼儿通过素养技术发展的多元化素养,否则儿童在 ICT 和书籍两方面素养的持续发展都将会受到抑制。

重写后的版本在争取期刊收录方面很明显会更成功,因为它采取了一个更权威的立场。目前的摘要包括四个步骤。第一句话将论文定位在有关早期和自然素养的研究上,并通过评价性的短语"严重低估"和"一直被优先(认为)"采用了一种批判的立场。第二句话既是焦点,也是报告。第三句话是议论,并使用了评价性的语言"除非""失败""可能抑制"来强调作者的观点。尽管报告部分还需改进,句子数量(三句)和词汇数量(从 45 到 73 到 94)的增加标志着这个观点也已经更详尽了。

经验丰富的学术写作者对在这样一个"小文本"中尽力变得权威可能不太理解。一开始,我们也对许多博士生觉得论文摘要很难写感到惊讶,但现在我们知道这一情况普遍存在。和导师一起写摘要可以使身份认同问题更加突出从而可以更好地处理,请看下一个例子。

罗伯特写摘要

罗伯特是五十名参加摘要写作工作坊的博士生之一。我们要求参与者带一份摘要的草稿并准备一系列质询摘要的问题(见图 8.3)。参与者两人一组,首先用这些问题评判一系列已发表文章的摘要。随后他们分析了自己的摘要,考虑哪些需要被涵盖进来或被改变。

● 这项研究如何**定位**在更广泛的学科/政策/实践议题/问题中？它关注实践共同体的期刊读者关注的问题吗？

● 这份摘要**聚焦**论文的主题并指出所做的研究种类了吗？关注的主题明显和实践共同体关注的更广泛的话题有关吗？

● 这份摘要是否**报告**了所开展的研究以及研究方法和设计？是否使研究发现/证据联系到更广泛的读者，并为接下来的论点提供了线索？

● **论点**是什么？是否回答了"然后呢"这个问题？如果没有，那论点可能是什么？如果回答了，论点可以更有力吗？

● 从全文来看，四个步骤是否连贯？彼此之间是否有关联？定位和议论之间是否有明确的联系？

图 8.3　对摘要提出的问题

罗伯特对摘要的改动说明了这种明确的文本工作（即习作 8.4 的问题）的强大效果，甚至是在很短时间之内，同时没有像伊丽莎白一样得到导师集中的指导意见的情况下。罗伯特的摘要初稿一开始是这样的（习作 8.5）。他在定位的部分突出了维果茨基社会文化理论的重要性和原则。但这段文字读起来更像是罗伯特在炫耀自己对维果茨基活动理论的演进的了解。它没有与罗伯特的研究关联起来而且聚焦部分非常短。直到最后一句话，罗伯特才谈到自己的研究，但是完全没有议论。相反的是，他表示要"应用"他人的想法，这将很难投中学术会议。他的隐身和过度恭敬的立场在修改后的摘要（习作 8.5）中开始有所改变。

习作 8.4　罗伯特的第一稿摘要

[定位]使用维果茨基（Vygotsky）的社会文化理论作为理论框架的教育研究越来越多。[聚焦]这个报告讨论了社会文化理论关于活动理论的基础和关键概念。[定位]社会文化理论起源于维果茨基的工作以及他对人类活动和思想之间关系的好奇。社会文化理论的中心原则是，人类意识通过经验同化从以目标为驱动的活动中产生，这些活动以工具和物品为介质。活动理论的发展目的是在社会文化理论框架内通过观察"活动""行动"和"操作"从而组织实证的方法来研究对人类行为的"遗传分析"。[报告]具体来说，本报告描述以上观点如何应用于我自己在语言教育领域有关外语教师实践与行为的研究。

习作 8.5　罗伯特的第二稿摘要

[定位]过去二十年间，随着维果茨基的著作被翻译为英语，教育研究中使用维果茨基的社会文化理论作为理论框架的研究明显增加。这个理论自身已成为一个新兴而独特的传统。[聚焦]论文的前半部分集中在社会文化理论的两个中心思想上：介导行动和遗传分析；后半部分则转而探讨这些观点如何影响围绕外语教师课堂实践的实证研究的方法论。[议论]本着此次会议的精神——"教育研究的新视角"，本文提出，社会文化理论有能力为概念化未来教师教育的研究议程提供新的角度。

修改稿更加简洁（较之初稿的 131 词，仅有 114 词）。在定位的部分还是介绍维果茨基，但这次是用以效验并定位罗伯特自己的研究。他使用了划分两部分的聚焦修辞策略（论文的"前半部分"和"后半部分"）来说明他将如何使用维果茨基的理论。最后的议论句点出了这个理论在教师教育以及外语教学中的用处。可惜我们依然不知道罗伯特做了什么，因为文本缺少"报告"部分。不过这篇在较短时间内完成的会议摘要更有说服力了。

对导师而言摘要是一个多功能的有用工具，可以实现多种文本工作/身份认同工作。我们在发表计划中给出摘要的另一个用途。

发表计划

我们说过，在读博期间协调发表事宜是导师的工作职责所在。现在有些导师采取和博士生合著的方式来保证学生可以在毕业前有机会拥有一篇发表的文章。这是培养博士生认识发表重要性的一种途径，也可以帮助他们了解投入到一个正在进行中的写作实践是怎样的一种体验。

发表计划策略涉及导师和博士生一起确定想要发表的可能的文章和想投稿的会议和期刊。要做到这些，博士生必须提前想好他们希望展现什么样的贡献。发表计划是一个处于工作中的文档，并没有白字黑字或板上钉钉。当新的可能性出现时，它可以被修订。我们提供有关发表计划的三条基础原则：

1. 在博士（论文）完成前就开始

这样可以锻炼把大篇幅的文字分解为一系列小文章的能力，避免了博士生把整篇学位论文挤进一篇文章。分割像书一样厚的论文需要考虑独立的角度和论点，它们可以产生分立和独特的贡献。

2. 战略性地思考参加什么会议

一开始，博士生通常需要一个安全和比较小的会议，或是一个专门为研究生开设的、供他们检验最初想法的会前会议。在这之后，他们可以转到不那么安全的环境了，也许他们会被问到有关论文的具有挑战性的问题。这些有助于他们的研究在正式评阅前就被实践共同体所了解。

3. 不要写会议论文，要写期刊文章

我们的格言是，**首先**写好期刊文章，然后在会议上展示。导师不能鼓励接连写会议论文而不转成期刊论文的坏习惯，而是要鼓励作者思考第二层和期刊实践共同体。当草稿完成后，它们可以很容易地被转化为满足会议第二层的幻灯片。

在我们同博士生一起规划发表方案的工作中，我们建议他们使用如下的标题：

题目：

摘要：

目标期刊：

备选期刊（如果被拒）：

相关会议：

写作时间安排——草稿、投递会议论文、与中间人互动、提交期刊论文

开始可以想3-4篇独立的文章并为每篇分别写摘要。博士生必须调查合适期刊的大致范围，并选出最适合这些文章的期刊。这涉及充分了解不同的期刊共同体、它们的目标和编辑的工作模式。将选择期刊作为合著讨论中的议题可以将博士生引入到这项涉及第二/三层的工作。不能低估寻找角度和观点以及阐述贡献的难度。把博士生花费了很多时间无缝连成一体的文章分割成开来是一项艰难的工作。

与发表中介——最常见的是导师——的交流可以推进发表计划。当出版计划制定出来并逐步修订和推进，博士生就学会了不去"说所有的东西"，而是聚焦在期刊编辑想要的东西。写第一篇文章可能很痛苦——删除材料不容易。但了解随后的文章想论述什么能让作者更愿意也更有能力做出精确的砍削。

对于论著类博士学位来说，发表计划、合著与发表中介既有改变的作用，也对它有重要的意义。

论著类博士

对于一个需要提交已发表的期刊论文——而不仅仅是达到发表水准的文章——才能拿到的博士学位，学生面临的最显而易见的困难之一就是对审稿过程的依赖。刚开始的时候，他们必须勇敢面对一个可能很漫长并有时让人沮丧的过程——当然还无法预测。尽管导师给予无私帮助、专业水平也很高，甚至可

能会和自己的博士生合写第一篇文章,但投递结果仍可能带给他们失望和无用的批评,甚至是自信心受挫的拒稿。当然,提交传统论文的博士生也有同样的审稿焦虑,但至少他们的学位授予不由审稿的同行们决定。

由于时间上的压力,博士生面临的首要危险显然是对发表文章急于求成。期刊编辑们被问到为何拒绝一篇论文时,几乎都会提到一个主要原因,即作者看上去像"新手"。论文行文中的某些因素本身就暴露了作者没有经验的事实。那么具体是什么因素揭露出作者是个新手呢?以及是否可以对之做出弥补?

安东尼·佩里(Anthony Paré)是位于加拿大蒙特利尔的麦吉尔大学的教授和《麦吉尔教育期刊》的前任编辑。他认为,把期刊写作新手和TESOL(外语教学)类比很有效。他提出,新手就像文体上的非母语人士。佩里教授称,暴露他们是新手的是:

……对于短篇文章来说过于宽泛的主题,研究方法范围广、跨度大,理论术语艰涩,括号里的引用过度,参考文献长达论文本身的一半。

(Paré,2010b:30)

佩里指出,以下这些特征使投稿的文章看上去更像学位论文,而不是论证周密的同行评审文章。学位论文一般要提供:

- 证明作者理解主题及相关背景的证据;
- 展示作者已阅读所有相关文献并能恰当将其用于论文中的记录;
- 正确的参考文献和引用;
- 对社会科学问题中常见的概念和理论的熟悉程度。

比较而言,期刊文章需要的不是这些标志性特征,而是:

- 集中于一个(或最多两个)观点上的紧凑的焦点;
- 简明扼要的文献综述,来突出文章植根的主要文献和争议以及对于文献的贡献;
- 用作者自己的语言解释的相关理论,并尽量简练;
- 不过度挤占文章空间的引文。

博士生做得不好的原因在于他们对自己学科的惯例做法不够熟悉。他们对实践共同体的了解还不够深刻,无法理解其通常使用的思考、推理和写作的方式。因此,佩里指出,新手常常对平铺直叙过度关注,而对批判性的东西却强调不足,误用关键词语,于是很快就暴露自己新手的身份。

佩里建议,博士生不应过早追求论文的发表。他们可以先通过同学、导师、学术会议及类似的渠道实验驾驭和改进文本。对于论著类博士,导师要尽己所能地帮助学生进入"发表就绪"的状态。但即便如此,困难依然难免。

托马斯的故事呈现了第二类问题和陷阱,同时也揭示出中间人的介入如何使出版过程更加可控并让人学到更多。

托马斯取得了论著类的博士学位。他必须写三篇期刊文章加一篇总括这些的阐释性章节,所有都必须是英文;但他的母语是挪威语。要拿到博士学位依赖于这三篇文章被期刊接受。

托马斯的第一篇文章从首次投递到最终出版耗费了两年时间。在这期间,他不得不对这篇文章做大面积的修改。第二篇文章发表前仅经过了小幅改动。第三篇文章被拒因此不得不投递到另一家期刊。但是,他的第一篇和第三篇文章收到的审稿人意见均有互相冲突的地方,因此他与审稿人和编辑历经了好几个月的交流。有时候,因为收到批评性评价,托马斯都不知道自己能不能达到博士学位的要求。修改、再投递,然后再修改、再投递,整个漫长的过程令人煎熬至极。托马斯说:

盲审意味着博士候选人收到的反馈标准和资深学者一样。审稿人和编辑们的批评常常很直白,对一个蹒跚学习的缺乏经验的学者来说这难以接受,甚至具有破坏性的打击。此时导师的角色至关重要,他要帮助自己的博士生解读和消化反馈,从而使其从评论意见中获益并改进自己的文章。

(De Lange, 2011)

如此高风险的与学位关联的发表提高了发表的冒险性和重要性。对于论著类博士学位,博士生不仅高度依赖导师的中介作用,也依赖优秀的编辑引导他们渡过艰难的审稿过程。

很多编辑承认审稿人的报告中会有非常复杂、有时甚至充满敌意和互相矛盾的建议。好的编辑知道自己需要引导作者去权衡审稿人严厉和互相冲突的要求。这些编辑在综合意见和指明方向上扮演着非常活跃的角色——哪些建议要完全听从,哪些不必太重视,可能还会指出哪些可以忽略。

托马斯描述了编辑在调解他的第三篇文章中起到的关键作用。那位编辑在收到两份互相矛盾的评价之后,要求审稿人解决好双方的分歧。

这位编辑描述了分歧所在,并附上了审稿人针对分歧展开的讨论。其中最有趣的部分是这位编辑传达信息的方式。首先,他列出了文章被拒的原因,让我做好准备接受审稿人直白的评价,然后他深入地解释了作为编辑需要做的考量。他还激励我继续自己的研究并邀请我再次向该期刊投稿。从这个意义上说,这次拒稿给了作为博士生的我对于审稿和编辑过程的宝贵洞见。

(De Lange,2011)

这种编辑介入非常少见。要求审稿人解决相互之间的分歧,这种情况也很稀奇。但是,这位编辑的调解让托马斯有机会看到不同立场的学者就他的文章展开的讨论与对话,并就其如何才能达到发表的要求达成一致。而更常见的情况是由编辑来决定要更加重视哪些审阅建议。

托马斯的导师在这个过程中也起到了重要的作用。她给予了支持和明智的建议,帮助托马斯理解当下的情况和他应该采取的措施。

小结

在本章我们提出,博士生需要发表文章,而导师必须参与到这个过程中。他们必须提供关于发表和期刊选择的信息,帮助学生制定发表计划,解读审稿人的意见并处理好批评。现在很多导师一般都会和自己的博士生合写文章,这和合写摘要一样都是指导学生写作的非常宝贵的教学经历。

第九章
院校与博士写作实践

　　我们在本书中强调研究即写作,导师把指导聚焦在写作上可以更好地支持博士生学者身份的建立。我们也呈现了一系列导师可以在一对一指导中用到的写作和文字技巧。

　　我们认为导师是院校和学科文化、环境、传统的载体和中介。不过,在最后这一章我们想要超越单一导师的情况。正如第一章所述,今天的博士生导师面临极度的压力。抛开院校支持而期望导师像前几章描述的那样来辅导学生论文写作是不合理的。这并不是说院校必须"培训"导师辅导学生写作,而是说院校自身要应对科研写作的问题。院校必须建立院校的写作文化。

　　写作文化是指把写作放在显著的位置,而不是局限在写论文之前的技术性补救。写作文化把对于写作的支持与政策上的优先权和更广泛的院校愿景关联起来(Lee and Boud,2003)。写作文化有教师支持的谈论写作、琢磨写作和实践写作的空间。写作不会冷酷而狭隘地与产出挂钩,而是与促进科研能力、科研实践和增加知识面有关。这种文化让私密的写作中产生的个人喜悦与挫折通过院校的写作小组、课程和集体活动公之于众。在这种情况下,我们可能会期望看到博士论文彼此分享,文字反复推敲,文本经过深思熟虑才拿去送审、讨论而不仅仅是展示写出的作品。我们也会看到语言被锤炼、编辑和精雕细琢,修辞和比喻意义准确且文字优美的论文。

　　这样的写作文化不是补救性的。它认识到科研实践即写作实践,所有学校的教工和学生都会受益于对写作系统性的关注。诚然,向真正有写作困难的学生提供个别化的服务非常重要,因为要么英语不是他们的母语,要么他们有学习障碍或由于种种原因缺乏写作的基础知识。但这些仅仅是基础服务,无法构成也不能替代院校整体的写作文化。不过,从事这些基础服务的教职工的确有特定的知识、实践经验和意愿为发展写作文化做出贡献(我们稍后会讨论这些服务如何进一步支持写作文化)。

简而言之,写作文化不会自然而然地发生,需要刻意去创造。

在本章,我们提出五个写作实践可能发生的情境。当然这些并不是建立写作文化唯一的情境,还有很多其他情境。但它们是我们和同事还有其他人活跃的情境,我们想描述在这些情境里发生的活动。

这些情境是: ① 导师发起的阅读/写作小组;② 为发表而写作的小组; ③ 与学术支持部门的合作;④ 学校/教师开设的写作课程;⑤ 社交媒体和有关的学术写作活动。

导师发起的阅读/写作小组

很多导师会发起和支持面向写作的教学活动而并不期望得到学校的支持甚至关注。我们提到过,关注写作的导师的基本立场是,写作不是少数聪明人的特长而应是所有学生讨论的焦点。这样的讨论涉及把写作视为研究、研究过程中的写作以及如何用文字呈现研究,包括学位论文。

导师可以通过支持阅读/写作小组来改进博士生写作学位论文的实践。在阅读小组中讨论多篇文章时,不难突出写作的问题或强调"像作者一样阅读"(见第七章有关作者型文本的部分)。讨论可以包括对于结构的关注,例如:

● 论点如何贯穿于章节之间和每个章节之内或通过期刊文章的各个部分建立起来
● 标题、副标题和段落首句、末句如何推进论点
● 如何为读者构建各种论点的标识

或者聚焦在语言的运用上,例如:
● 探寻作者如何使用隐喻、比方和明喻
● 研究作者如何使用生动的语言使得文章光彩照人
● 推敲题目和标题的用词

阅读小组可以引导学生阅读超出自己领域的文章来推进自己和小组的理解力。

广泛而深入的阅读会丰富学生有关研究"发现"是对知识生产做贡献的讨论。在读博期间,帕特参加了一个阅读小组,在那里她接触到来自一个完全不同的领域的一些书。这是她做政策分析研究一般不会用到的书,更不用说通读了。但是,这些基本无用的有关语言、语言学和素养教育的书,有些却在理论化研究发现的过程中用上了。

阅读小组可以是很活跃和很受支持的地方,在这里博士生可以大胆说出自己不熟悉的词、检验不成熟的想法、体验在资深学者面前采取自信和权威的立场以及加入学术对话。在这里,学生学习去质疑学到的理论,而不是唯唯诺诺地跟从既定的思维模式。阅读小组也让学生从惯常的依赖型"学徒"模式中解脱出来,转而与同僚相互切磋、从文本中学习。

最糟糕的情况是阅读小组变得程式化,一些成员开始主导一些无趣的活动,因此制定活动协议非常重要,可以避免此类事件发生。协议包括如何选择书籍、小组成员应做何种贡献(介绍性文章,每个成员定时回复)以及如何处理活动过程中的纠纷。

导师也可以和学生建立写作小组。在写作小组里,学生和导师可以分开或合作写文章,互相分享并为对方提供批评。师生讨论写作过程中理论和实践上的问题。双方就研究伦理、认识论和代表性进行意义深刻的谈话,把这些讨论与词语选择、文章结构和论点说服力结合起来。

有些写作小组出版了可以帮助其他集体进行写作活动的书籍。我们能想到的有诺埃林·加曼(Noeleen Garman)的叙事和艺术写作小组(Ceroni et al., 1996;Piantanida et al., 2003)。这个小组的学生通过查阅有关写作的文献和参照不同形式的资料,通过写作和争论他们自己的理论和范文,一起探究写作理论。

苏珊·摩尔·约翰逊(Susan Moore Johnson)的作品提供了另一个例子。她和学生长期研究新入职教师的去留。他们合作的项目"新一代教师工程"最后写成了一本获奖的合著书《发现者和保留者:帮助新教师在我们的学校里生存和发展》(*Finders and Keepers: Helping New Teachers Survive and Thrive in Our Schools*, Moore Johnson et al., 2004)。通过合作研究和合写的过程,摩尔·约翰逊提供了一个合作的空间,在那里学生不仅从她身上学习,也从其他学生那里学习。

我们熟知很多我们的同行会让学生去参与其他的学术写作活动。例如,期刊编辑会叫学生对收到的文章进行粗选,或两人一组来审稿。随后,学生把自己评审的结果和其他人评审的结果进行对比。通过批判性地审阅别人的文章,学生可以学到很多东西,包括如何构建文章、如何写出令人信服的论点以及有效的摘要。

此类个别导师活动非常重要,但如果好几位导师联合进行写作项目和活动就更好了。例如有些研究中心和学院打破个别化的社会科学模式(比如Malfroy,2005)。在这种情况下,一群研究者或导师宣布共同的研究安排,然后根据这个安排来招募学生。老师和学生合作进行研究和分享写作,并有研讨会供师生讨论正在完成的文章和推进整个研究小组的理论和方法论。这种做法摒弃了读博或做学问是出于个人好奇而进行的个别化追求的理念。伯明翰当代文化研究小组就是这样的小组:教师和学生个别写作和集体创作了很多年,团队和个人都以高产出而闻名。

为发表而写作的小组

很遗憾,很多博士生只能依靠自己的力量找到发表博士论文的机会(Aitchison et al.,2010;Dinham and Scott,2001;Engestrom,1999)。不同的导师对学生在读博期间和毕业后在写作上的支持各不相同。不同的学科对于发表的重要性也有不同的传统。英国一所大学的心理学院要求每个博士生每年都要提交一篇国际会议论文并在参会之后投稿到一个学术期刊。在这种情况下,不仅发表融入了日常的导生会议,学生的进步也会用会议论文和期刊论文来衡量。

芭芭拉对于理科和教育学博士生写作实践的调查突出了特定的实践共同体对于发表产出的影响(Kamler,2005;Kamler and Rowan,2004)。她用访谈个案的方法对比了教育学的学生以及物理和生物科学的学生的写作实践。一个主要的发现是,在发表高水平期刊论文上理科毕业生远比教育学的学生成功得多:理科有13篇国际评审期刊论文,而教育学只有2篇。理学学科中与导师合作发表论文是广泛接受的做法,学生在读博早期就开始为发表而写作,并把这个过程看作是跟团队和导师的合作,是学习学术发表的重要一环。

在教育学领域,由于著作权伦理、学术自由或自我探索等原因,合著被视为更加负面的行为，因此学生产出少了很多。与理科学生相比，教育学的学生更不愿向国际评审期刊投稿、投稿技巧更加缺乏，也更少得到导师的支持。他们并不认为导师应该在辅助自己发表论文上起到关键作用，不过样本里的两篇论文却是唯一两篇与导师合著的论文。也就是说，那两位已经有论文发表的教育学的学生是**由于**更有经验的导师的帮助才得以发表论文。在这个研究中，与导师的合著行为产生了"知道怎样做"（know how）。合著帮助学生战胜了焦虑，并在审核和重新提交的这些发表过程的必经阶段中保持健康的心态。

希斯（Heath，2002）在昆士兰大学针对导师的量化研究发现了在论文发表上的学科差异。在355名被调查的学生中，83％在提交学位论文时有超过一篇的发表。但是，理科学生发表的论文多于人文和社会科学的学生，合著者为导师的也更多。

在发表成为常态的情况下，有关写作的疑问也成为导师指导的日常工作。但是，这种指导很可能局限于个别指导，而没有通过导师联合指导或合作活动使之"院校化"（institutionalized）。要推动院校对于发表的支持，方法之一就是通过写作小组。有关写作小组的使用，我们会在后面讨论，但这里我们仍然想强调它在发表上的作用——把学者身份认同公开展示。

佩奇·亚当斯、程·戈吉内尼和沈（Page-Adams，Cheng，Gogineni and Shen，1995）报道了在社会工作领域由学生牵头组建的帮助博士生发表的写作小组。这个小组由美国华盛顿大学的两个学生发起，他们认为社会工作领域的博士生在读博期间需要结构化的支持来帮助他们为发表而写作。推动他们这样做的是职业发展上的考虑；他们认识到社会工作领域的新教师科研产出较低，想要通过此举改善未来社会工作教育者的学术写作的质量。

博士项目的主席提供了行政支持（复印、会议室等），但学习小组没有导师的参与。25个在读学生中的8位加入了小组。学生们制定草稿的截止日期，为其他人提供理论、内容和写作风格等方面详细的反馈。

成员们被催促着首先提出最难的问题。这一篇值得写吗？有足够的原创性来确保发表吗？成员们围绕这些可能存在的问题来帮助彼此找出改进文章主要内容的方法，或建议使用可能做出更大贡献的其他理论路径。

（Page-Adams et al.，1995：403）

对于这个小组的评估显示出成为小组成员与学术产出存在着正相关的关系。8

个成员在小组成立的第一年就完成、提交或发表了 19 篇论文,而非成员只有 5 篇。佩奇·亚当斯等强烈推荐此类小组,认为这是提高写作质量的有效方法,并有助于在学术职业早期在专业知识领域做出贡献。

虽然他们宣称学生的发起和行政支持对于发表小组的发展至关重要,但实际上大学在行政方面提供的协助非常少。当然,他们没有谈及作为写作文化一部分的导师、院系和学校对于写作小组的支持。

芭芭拉在她所在的澳大利亚一所大学里发起了对于职业早期研究者(early career researchers)学术发表的支持活动;这比佩奇·亚当斯的活动中得到的院校的支持要多。芭芭拉的工作后来成为其所在学院战略研究计划的一部分。学院允许她把指导同事如何写作与发表计入工作量。这样做的目的是通过迅速发表基于学位论文的文章来促进教育学领域新生学者能力的发展。

芭芭拉每年单独与 6-8 位学生研究人员一起工作,讨论他们的学位论文并为发表提供协助。她会阅读每一遍论文,与作者合作制定发表计划,列出 4-6 篇要在学术期刊上发表的文章。这个计划创设了写作的结构并明确目标期刊、题目和摘要。制定计划创造出教学的情境,因为讨论包括如何写吸引人入胜的摘要和分析期刊文章的不同文体。写作开始之后,芭芭拉会详细阅读并对后续版本提出批评建议,然后才能发送期刊(有关详细的发表计划的讨论见 Thomson and Kamler,2013,第九章)。

投入这样的工作能让新生学者学到有关提交期刊论文的实践性和政治性的知识,同时会得到成功的经历。这样的活动也能重振院系的研究文化并发展博士后时期有关写作和发表的教学,这种教学法将超越建议和金钱的驱动。这种教学法不仅仅是编辑或"治疗式干预"(remedial intervention),而是通过写作建立起职业身份认同的战略性互动。

李(Lee)和鲍德(Boud,2003)描述了澳大利亚另外一所大学的高产出的写作发表小组。这些小组致力于培养大学教职工的研究潜力,把他们重新定位成活跃的写作者。他们的理念更多地植根于同伴学习的理论以及在学术职业不断变化的情况下促进学术研究发展的必要性。学术职业的变化主要包括为教育和科研寻找新形式经费的压力、发展研究方向的压力、提高博士学位完成率的压力以及帮助学生为就业做准备的压力。

在这种情况下,李和鲍德把写作小组看作是"一个促进科研发展的很有用的场所"（p.187），而把科研发展本身视为"与形成和再形成学术身份认同息息相关"。他们讨论了两个教职工的写作为发表的小组的情况。在"新研究者"（new researchers）小组，成员们讨论"战略性地利用学术会议、分析主要期刊和自己的投稿经历以及……写作实践本身"（p.192）。在"延伸发表"（extended publication）小组，成员们整年都投入到写作中并把稿件拿到组里讨论。这个小组更加强调产出，而且"所有的人都成功地写好了至少一篇可以随时投出的期刊文章或书的章节"（p. 193）。

　　基于这些小组，李和鲍德提炼出一套可能适合推广到其他情境的原则。第一条是相互性（mutuality）。李和鲍德用这个词来"打破过度附着于学术自主观念带来的效应"（p.194）。在发展写作技能上推崇群组的模式打破了学术工作的孤独性和私密性，创造出交流、互惠、尊重差异的新天地，并增进了同僚之间的关系。

　　第二个原则是把科研发展看作是大学的常规事务和日常工作的一部分，是"机构自我管理、自我组织和规划未来"的方式（p.195）。写作小组的"常规事务"集中在"知道怎么做"（know how）以及有关参与发表游戏和支持、发展所有小组成员的写作目标的实践性和程序化的措施。同时这也离不开政策上的措施。写作小组收到经费，组织者和参与者的参与时间可以被计入工作量，并被汇入到学校战略计划和预算中。

　　第三个原则是承认"渴求、身份和情感对于维持任何发展性活动至关重要，然而却常常被忽略"（p.196）。因此，有关身份认同和变化的主要问题最后归结在学术写作上就不足为奇了。成为别人承认的研究者-作者的渴望常常与担心自身能力不足和缺乏经验导致的恐惧和焦虑相冲突。写作小组的保密性和互利性让这些问题浮现出来，被谈论和解决。结果是，所有的参与者都被重新定位成活跃的学术作者。

与学术支持部门的合作

　　大部分院校都有各种学术支持服务。这些服务通常包括本科生工作坊和个别/小组辅导。学术写作跟学习技巧一样是服务中心工作人员的主要关注点。近年来，这类服务已经开始覆盖博士生。越来越多的学生用非第一语言写作，博士毕业的要求也愈加严格,这都给科研写作的支持服务带来了新的压力。

不过,这些中心的语言和学术技巧辅导老师可能遵循的是独立于研究生院的治疗或危机干预模式。他们可能在地点上和从属上都与所在院系脱离了关系。他们可能不属于学术编制而属于其他编制。他们不"教"学位课程,他们从事的只是对"主流"教师的补充和配合工作。因此,学术服务人员经常感到自己在身心、社会和文化层面都与教职员工是有距离的。

这种结构性的分化也是通过把学生当做"客户"并为之提供"服务"这样的话语构建的。支持性人员的任务是向学生提供具体的"技能"和补救性的协助。这种服务中心的工作人员通常对作为社会实践的语言和写作有特别的兴趣,很多人有这方面的学历并从事相关的研究。近年来,拥有博士学位的人开始进入这些机构,还有更多的人在攻读博士学位。这些人已经开始研究学生的学术经历的各个方面,并举办面向服务人员的学术会议。他们出版了论文和著作(例如Aitchison,2003;Barnacle and Mewburn,2010;Leibowitz and Goodman,1997;Nelson and San Miguel,2000;Starfield,2003;Wingate and Tribble,2011)。还有一本专门的出版物——《写作中心期刊》(*The Writing Centre Journal*)——来刊登这些工作人员的活动。这些同事在学术写作方面拥有的专长是导师可以利用的重要资源。

我们的建议是,高校需要尽更大的努力把学术支持人员和导师联系在一起——并不是用导师培训的方式,而是有益于学生的富有成果的伙伴关系。以下我们简单汇报三个这样的伙伴关系:① 克莱尔·艾奇逊(Claire Aitchison)的学位论文写作小组;② 英格·米伯恩(Inger Mewburn)发起的"闭嘴开始写"工作坊;③ 芭芭拉·格兰特(Barbara Grant)和罗薇娜·莫里(Rowena Murray)主持的写作静思。

写作小组

艾奇逊(Aitchison,2003,2009,2010)在一所大都会城市的大学里担任语言专家。她在学习技巧系发起了学位论文写作圈(thesis-writing circles)。艾奇逊在工作中常会碰到导师和管理人员的紧急求助,要求对学生的写作问题进行"迅速修补",这让她感到很挫败,于是她想找到一个不一样的支持模式,可以脱离写作能力的发展是危机控制的模式,转而先发制人,把写作融入科研过程,承认写作是知识创造的过程,而不仅是知识转录。

(Aitchison and Lee,2006:70)

写作圈用同僚写作小组的形式来组织,以缓和很多博士生孤立的经历。这个活动的目的是促进完成学位论文所需的社会、语言和学术素养的发展。写作小组连续举办十周,每周有 6 – 8 个学生用三小时的时间分享自己的写作,讨论大家共同感兴趣的有关学位论文写作的一个方面。这些小组是多学科和多文化的,学生也来自博士学习的不同阶段。

作为主持人的艾奇逊扮演着重要的领导角色。她制定提供和接受语言反馈的提纲,并讲授语言学的概念。她建立了让学生描述和解构语言的元语言。随着时间的推移,小组成员建立起了自己的技能库,同侪成为首要的学习资源。

每次会议的三分之一是"教师主导"环节,这一节讨论的主要是学术写作的具体特点,例如论文结构、在议论部分使用证据以及微观层次的风格和语法问题。这部分的主题根据小组的需要提前决定和修改。会议余下的时间集中在评论新的习作和根据小组意见重新评阅已经改过的习作。艾奇逊认为,这样的工作可以帮助博士生发展批判技巧和提高写作水平,并发展陈述自己理解的元语言。

艾奇逊和李(2006)特别强调了这类同行评审小组的多元价值观。她们关注写作的社会性,把写作放在社会、院校和同侪关系的网络里。日程表通过公开协商生成,并且不断演变以适合小组的需要。同侪小组培育学术共同体和教学空间,让作者可以同时体验和探索身份认同、文本性和权威性的问题。

我们认为,研究写作小组通过它与同行评审"水平化"的教学理念(Boud and Lee 2005),阐释了很多与研究学位相关的写作在认识论、经验论和文本论维度上的东西。在正式课程普遍缺失的情况下,这样的小组提供了一个与常见的孤立研究写作理念完全相反的学习环境。写作小组明确地应对在同侪关系情境中有关知识、文本实践和身份认同的问题。

(Aitchison and Lee,2006:266)

艾奇逊也详细描述了很多院校在提供更大范围学位论文写作圈时遇到的挑战,毕竟写作小组的成功依靠频繁的会议、较少的参与人数、高度自发性和有专业知识的主持人(Aitchison,2003:110)。但是,这样的小组突出了语言专家带给研究生指导的宝贵的专业知识,抛开他们的才干是巨大的浪费。

闭嘴开始写

"闭嘴开始写"(shut up and write)是源自美国的支持非学术写作的方法(参见 http://www.meetup.com/shutupandwriteSFO/)。因为写作常常是一项孤立的活动,定期和相对非正式的"会面"会发展一些社会关系。这种会面一般用一个上午或下午的时间把写作者集合在一起。主持人首先让参与的人做自我介绍,之后所有人写作一个小时,最后用很短的时间汇报各自的进展。小组的"规则"是"不批评、不练习、不讲座、无关自尊、不竞争、无需自责"。

英格·米伯恩(Inger Mewburn)在墨尔本皇家理工大学的时候曾在研究生支持办公室工作。受这种方式的启发,她发起了一个面向博士生和青年学者的"闭嘴开始写"的小组。这个小组采用类似的模式。成员每两周在一个咖啡馆碰面并结伴写作,安静地写一段时间。米伯恩在她的"论文耳语者"(Thesis Whisperer)博客中写道:

> 不间断的点击键盘提醒我应该写作……我忽然想到:这种写作模式有点像在健身房里上有氧健身课。虽然我的手指已经感到有点疲倦,我坐的椅子也一直有点高,打字不舒服,我还是一直写。我不想自己看起来像坐在健身班后面那个臃肿的胖子那样放弃。这是最好的同伴压力!

(http://thesiswhisperer.com/2011/06/14/shut-up-and-write/.2013 年 7 月 22 日访问)

米伯恩认为,当作者为每次会面设定具体的目标时,"闭嘴开始写"的模式有助于产出并避免完美主义的陷阱——即在写的过程中停下来修改。就像旧金山写作小组那样,学术性的"闭嘴开始写"的模式也能减少孤立,建立志同道合者间的社会联系。

写作静思

很多大学现在都向博士生和学者提供暂时离开工作任务去写作的静思时间。"写作静思"(writing retreats)可以通过提供时间、地点和在同一个房间共同工作的伙伴而促进面向发表的写作。这种机会不仅能让人集中精力写作,而且可以跟其他人交流写作进展和讨论出现的问题。

苏格兰的罗薇娜·莫里(Murray and Newton,2009)和新西兰的芭芭拉·

格兰特(Grant，2006)都主持了很多年的写作静思。莫里(2010)讨论了特别为博士生设计的写作静思，认为写作静思分很多层次。首先，它可以帮助作者学习如何建构学术论点和突出对于所在领域的贡献。参与者会获得自信，发现自己能谈论有价值的东西。写作静思为博士生提供一段可以尝试新的写作习惯的时间，并在能得到支持的环境下重新确立写作和发展的目标。能得到除了导师之外的人的帮助会很有益处——同侪和写作静思的主持人——他们可以提供所需的即时帮助。

芭芭拉·格兰特(2006)讨论了一群新西兰女性学者参加为期一周的写作静思的效果。这项活动是自1997年开展的每年两次的居家活动，它吸引了来自不同院校、学科和处于不同职业阶段的众多女性。格兰特强调，写作静思的体验不仅是一项应对常见的写作孤独感的愉悦的活动，而且对参与者的学术写作产出和作为学者和作者的自我意识有正面的影响。

她认为，写作静思：

……蕴含了我认为的最好的学术发展应有的模样。其一，学术发展应该体现在学者真正的工作中并保持下去，只有这样，理解和实践上的变化才能确实发生。另一个原因是，学术发展应该是合议制的，这样所有参与的人(包括发起人)可以通过不断进行的对话互相学习，通过发展人脉和技巧来增进进一步的对话(Webb，1996)。还有，它应该保护和滋养参与者的思考能力(McWilliam，2002)，让他们不仅"投入才智上"(Gibbs，1995，p.17)，也投入情感。

(Grant，2006：486)

写作课程

北美的大学一直有为一年级本科生提供写作必修课的传统，但鲜有相应的校级机构来支持研究生写作。比较有名的例外是密西根大学，这所学校从20世纪90年代早期就开始有学位论文写作和论文发表的高级课程(Swales and Feak，2000)。早在2001年罗斯和麦克拉弗蒂(Rose and McClafferty，2001：27)就发出"在研究生教育中开展公开而可持续的写作教育的呼吁"(也可以参照Mullen，2001)。他们认为，虽然学术写作的质量一直被学术圈诟病，但在"针对学术风格和学术身份形成的系统性地解决写作质量"(p.28)方面却做得很少。

他们描述了罗斯 1996 年在 UCLA(加州大学洛杉矶分校)开设专业写作课程的实践。

这门课采用写作工作坊的结构,由学院教师轮流讲授。这门课并未设计成干预和治疗的性质,而更像是支持学生学习学术问题的话语空间。课程的基本教材来自教育学各领域(社会科学和比较教育、心理研究、城市教育、高等教育和组织变化)的学生习作。每周学生会带 3 - 5 页写好的习作,把习作发给小组的成员或工作坊的每个人,朗读并给出评价,然后与同侪和老师进行讨论。学生从一年级到写论文的都有。讨论的主题很广泛,从语法和技巧、风格和读者、论据和论点,直到研究设计和概念化的宽泛问题。

罗斯和麦克拉弗蒂(2001)提到了众多学生参加这 10 周工作坊的好处,包括:提高组稿中的个人主观能动性、更加关注读者和修辞立场(如何写得既专业又浅显易懂)、提高作为批判性的读者和辅助教师的技巧,"引导、督促、推动和鼓励彼此来写得更有成效和更权威"(p.30)。总体上,罗斯和麦克拉弗蒂强调了工作坊对于学者身份认同的正面影响。工作坊的形式鼓励学生建立和提炼自己与所做的研究以及与所在学科的关系,并更加有意识地在所在学科中塑造学者的身份认同。

但是,必须强调,UCLA 的课程也产生了长期的院校效果——催生了其他课程并吸引了很多学术人员。随着时间的推移,一门有关写作和修辞的特别主题课产生了。学院尝试着给英语非母语的学生开设了写作课,一些学生组成了写作小组,一些教师开始更频繁和更大力度地讨论写作;各系在新改进的有关科研实践的核心课程中更加关注写作。教学和工作量的分配以及找到合适的任课教师和资源引发了讨论,这转变了把写作仅看作是技术或服务型项目的观点,产生了"超过课程本身界限的对于写作的高度关注"(p.31)。

在澳大利亚,很多院校开设了针对不同学科的研究生的学校批准的课程。斯塔菲尔德(Starfield,2003)提到过一门面向艺术和人文学科研究生的、学院层面开设的有关学位论文写作的课程。这门课最初是只为英语非母语而且写作有困难的学生设计的,后来也覆盖了英语为母语的学生,因为意识到学位论文的写作需要"一系列很多学生都不熟悉的情景化和可商榷的素养实践"(p. 138)。

这门课程使用了来自澳大利亚数字化学位论文网站的包含注释的艺术和社会科学的论文作为样本,主要关注如何写作论文的各个章节。斯坦菲尔德呼吁目前的应用语言学研究要探讨学术写作(Bunton,2002；Dudley Evans,1997；Swales and Feak，1994)并为学生构建自己的论文提供了很多策略。她认为,如果从相应学科最新的学位论文中选用丰富的范例,那么其他学院的学生也可以从这样的课程中学到东西。

帕尔特里奇(Paltridge,2003)也描述了在一所较大的澳大利亚大学开设的有关博士论文写作的课程：它专为二语教学的学生设计。就像斯塔菲尔德给的例子一样,这门课也用了大量的真实学位论文作为范例并进行分析,从而增长学生的知识。这门课在一个学期中每周上一个小时,主要的理念是文体学意义上的写作。第一课是讨论博士论文的社会文化情境、专家评阅人眼中的新手习作以及学生作者的角色和责任。然后学生来分析博士论文的样本。

帕尔特里奇解释说,这样的策略可以让学生：

……对一篇与他们自己的研究观点相近的学位论文进行"即时文体分析"(Flowerdew，1993)。这样的分析引导他们了解样本论文的主要章节,一边去考虑文本各阶段的情境和组织。然后学生来思考为何这些文本的作者会采用各种不同的组织形式。学生把分析结果汇报给全班,并思考在何种程度上特定的研究类型在实践中会区别于(或没有)其他类型。学生可以使用分析的结果来指导和准备学位论文的写作。使用范本不仅可以指导学生了解传统的文本形式(Dudley Evans，1997),而且为"领域的知识现状提供了有价值的线索"(Charney and Carlson，1995：116)。

(Paltridge，2003：12)

基于分析结果,学生为自己的学位论文制定目录并口头汇报给全班,解释自己这样组织的逻辑。随后是规划各个章节的课时,学生用之前得到的文体研究的结果作为框架来指导自己的写作。

学术写作在英国也日益受到关注,越来越多的学者投身到写作学术的工作中(Ganoesik-Williams，2006)。但是,尽管有很多必修的博士研究培训课程,学术写作方面的培训却仅局限于讲习班(masterclass)和工作坊。

写作与新社交媒体

很长一段时间,博士生能够得到的超出导师的建议——主要就是指南类书籍了。自本书第一版问世以来,博士生和导师可以接触到的社交媒体有了迅猛的增长。现在,博客和微型博客上有包罗万象的有关博士生和青年学者的话题,其中也包括学术写作。

米伯恩和托马斯(Mewburn and Thomson,2013)把这些称为院校内/外空间(institutional/outstitutional space)。这些空间里有一系列的活动。博士生用博客记录他们读博的进程,通常是揭示自己在发展研究者身份认同过程中经历的困难。还有的博士生博客记录博士研究的各个方面。例如,记载用于做笔记或引文的新软件。有的人可能用一系列帖子详细列出想与同一领域的人分享的方法论和理论的文献。也有人评论自己和别的学生所面对的政策情况和院校的情况。博客的帖子既有很个人化的也有学术性很强的。

有时候,在博士生完成论文之后博客就被遗弃了;有时由于"旅途的漫长"而迟迟未能更新。博客也可能转变为其他博士生读博的参考资源。这种转变的例子比如 litreviewhq(www.literaturereviewhq.com)。这个博客本来是一个叫做本(化名)的博士生讨论他在进行文献综述时遇到的困难。现在他的博客已经演变成一个网站,那里有关于"那个文献综述"的各种资源,包括播客。

博士生常常通过推特为彼此提供支持。推特上有各种小组,例如♯phdchat,♯acwri,♯gradchat,♯saturdayschool,♯phdforum 和♯socphd,它们均提供同步的同侪讨论。推特博主定时在线发送问题、提供答案、讨论问题并用 140 个字节提供资源。这样的讨论会有一个主持人,一般是志愿者,讨论的主题会在发帖前几天通过投票决定。青年学者和资深学者参与博士生的讨论也并不意外,如果觉得会对别人有帮助,他们会在线上发表公开的评论。

最后,还有资深学者和研究生辅导员的教学博客。有些博客是院校自己运作的,但很多是在公开的平台上。其中最著名和最受欢迎的是"论文耳语者"(www.thesiswhisperer.com),由英格·米伯恩在澳大利亚墨尔本皇家理工大学开创。米伯恩现在已经是澳大利亚国立大学的培训主任了,但她仍然在更新这个博客。在本书写作的时候,论文耳语者已经有超过 150 万的点击率,这比一个欧洲小国一年的游客还要多。论文耳语者提供各种有关写作、科研投标和职业发展的建议,并提供可直接下载的资源。

帕特从 2011 年 7 月起开始运行一个叫做 Patter 的博客(www.patthomson.wordpress.com)。它的主要关注点与论文耳语者有所重合,也为博士生和青年学者提供支持，只是并不提供职业上的建议。不过，它有不断更新的有关学术写作、开展研究和公众参与的帖子。帕特的导师身份影响了博客的内容、理念和基调。很多帖子直接来自她举办的写作工作坊和自己的学生所提出的问题。自然而然地，这个博客处理博士生的焦虑以及博士生们感到不暴露自己就无法在自己所在院校解决的问题。在本书写作时，Patter 每月收到来自世界各地每月25 000 次的点击量。

其他为博士生提供帮助的类似的博客有"风格探索"（Explorations of Style：www.explorationsofstyle.com），这是有关学术写作的博客。它的作者是瑞秋·凯莉（Rachel Cayley），她是多伦多大学英语语言和写作支持中心的工作人员。还有尼克·霍普伍德（Nick Hopwood）用自己的名字命名的博客（www.nickhop.wordpress.com），讨论学术工作和生活、社会科学、博士学习和教育研究，并提供半开玩笑的建议，比如怎样做一个糟糕的口头报告。帕特里克·邓利维（Patrick Dunleavy）的推特账号@Write4Research 用来交流有关写作的资源。在本书写作时有超过 4 000 个关注者。

由于社交媒体是一个不断增长和变化的领域，我们不可能也没必要列出所有对博士生有用的博客。不过，我们想指出的是，博客提供的建议跟指南书一样参差不齐。在社交媒体领域也有像指南书那样避重就轻的建议，当然也有导师希望自己可以给出的细致入微、深思熟虑和充满智慧的建议。因此，就像对待指南书一样，导师要弄清楚学生除了听从导师指导之外还从何处寻求建议和支持。博士生或许需要别人的帮助来鉴别哪些同侪建议是好意却是误导，还有哪些是自我推销和商业作者提供的免费技能。

导师不应该害怕自己的博士生写博客。定期公开和为公众写作可以减缓学生对于写作的焦虑。定期"写好放在那里"这个举动本身似乎可以帮助学生流畅地构建言简意赅的论点并找对自己的立场。导师把新媒体视为毫无意义和浪费时间是不可取的。这严重低估了这一新发表空间对于文字工作/身份认同工作形成的影响。

促进院校写作文化的产生

在本书中我们一直强调写作和博士研究的同一性，因此，认为博士研究的晚期有一个中立的"成文"阶段是严重的误解。我们给导师提供了一系列可以把学术写作实践和学者身份形成融入研究生指导的策略。在最后这一章的开头我们提到,院校主要依靠导师牵头来指导学生的写作;院校需要做更多的工作来支持、扩大和发展以写作为中心的研究生指导实践。

我们概述了写作被更严肃对待的场合。必须指出,这些举措并非是成本中立的。试验性的写作项目得以施行是由于感兴趣的工作人员用额外的时间和工作量发起并运作。或者反过来说,可能是由于实验的项目得到资助,就期望这些新的实践能成为已有工作量的一部分。长期来说,这两种情况都无法维持。如果对面向写作的举措进行全面评估(我们的经验是通常不会这样),那么此类举措的长期成本必须是评估的一部分。文化的改变需要管理体系的改变,包括资源和工作量的管理方式的转变。

由于目前大部分大学相当依赖名声、质保措施、市场以及——在很多国家——学费收入,它们对于学生需求的满足越来越成为软肋。博士完成率在"形象"和"质量"管理技术上的分量更重,院校不敢再忽视写作和博士论文通过评审之间的关联。

这可以理解为写作技巧在本科阶段将更加受到关注(Avery and Bryan, 2001),那些被视为能力欠缺和需要补救的学生将会得到更多的支持服务。但是,我们认为这样的做法是不够的。

大学想要确保所有教学人员都掌握一系列适合成人学生的教学策略并开始尝试群组指导和同侪支持模式。在这种情况下,我们觉得是时候让大学思考如何为指导学生写作提供支持了。至少,把博士写作作为导师之间讨论的话题是一个开始。

我们希望这本书能激发这样的讨论,并成为那些所在院校并未意识到文字工作和身份认同工作重要性的导师们的参考书。

参考文献

Aitchison, C. (2003). Thesis writing circles. Hong Kong Journal of Applied Linguistics, 8 (2), 97 - 115.

Aitchison, C. (2009). Writing groups for doctoral education. Studies in Higher Education, 34 (8), 905 - 916.

Aitchison, C. (2010). Learning together to publish: writing group pedagogies in doctoral publishing. In C. Aitchison, B. Kamler and A. Lee, Publishing pedagogies for the doctorate and beyond (83 - 100). London: Routledge.

Aitchison, C. and Lee, A. (2006). Research writing: problems and pedagogies. Teaching in Higher Education, 11(3), 265 - 278.

Aitchison, C., Kamler, B. and Lee, A. (eds) (2010). Publishing pedagogies for the doctorate and beyond. London: Routledge.

Alcoff, L. and Potter, E. (1993). Feminist epistemologies. New York: Routledge.

Anson, C. M. (ed.) (2002). The WAC casebook: Scenes for faculty reflection and program development. New York: Oxford University Press.

Avery, S. and Bryan, C. (2001). Improving spoken and written English: from research to practice. Teaching in Higher Education, 6(2), 169 - 182.

Bakhtin, M. (1981). The dialogic imagination: Four essays (C. Emerson and M. Holquist, trans.). Austin, TX: University of Texas Press.

Banks, I. (2004). New models for providing men with health care. The Journal of Men's Health and Gender, 1(2 - 3), 155 - 158.

Barnacle, R. and Mewburn, I. (2010). Learning networks and the journey of becoming doctor'. Studies in Higher Education, 35(4), 433 - 444.

Barone, T. (1989). Ways of being at risk: the case of Billy Charles Barnett. Phi Delta Kappan, 71(2), 147 - 151.

Barthes, R. (1970). S/Z (R. Miller, trans. 1974). London: Cape.

Barthes, R. (1986). The rustle of language (R. Howard, trans.) Oxford: Basil Blackwell.

Bartlett, A. and Mercer, G. (eds) (2001). Postgraduate research supervision: Transforming relations. New York: Peter Lang.

Bauman, Z. (1998). Work, consumerism and the new poor. Buckingham: Open University Press.

Bayard, P. (2007). How to talk about books you haven't read. (J. Mehlman, trans.). London: Granta.

Bazerman, C. (1981). What written knowledge does: three examples of academic discourse. Philosophy of the Social Sciences, 11 (3), 361 - 387.

Bazerman, C. (1988). Shaping written knowledge. Madison, WI: University of Wisconsin Press.

Beck, U. (1992). Risk society: Towards a new modernity. London: Sage.

Becker, H. (1986). Writing for social scientists: How to start and finish your thesis. Chicago, IL: University of Chicago Press.

Becker, H. (undated). Some words about writing. Writing across boundaries. http://www.dur.ac.uk/writingacrossboundaries/writing/howardbecker.

Behar, R. (1996). The vulnerable observer: Anthropology that breaks your heart. Boston, MA: Beacon Press.

Benefiel, M. and Holton, G (2010). The soul of supervision: Integrating theory and practice. New York: Morehouse Publishing.

Berkenkotter, C. and Huckin, T. N. (1985). Genre knowledge in disciplinary communication: Cognition/culture/power. Hillsdale, NJ: Lawrence Erlbaum.

Bhatia, V. J. (1999). Analysing genre: an applied linguistic perspective. Paper presented at the 12th World Congress of Applied Linguistics, Tokyo (1 - 6 August).

Billig, Michael (2013). Learn to write badly. How to succeed in the social sciences. Cambridge: Cambridge University Press.

Bishop, R. and Glynn, T. (1999). Culture counts: Changing power relations in education. Palmerston North: Dunmore Press.

Bitzer, E., Trafford, V. N. and Leshem, S. (2012). Internationalising best practices in doctoral education and supervisor development. 16th International Education Association Conference of South Africa, Cape Town.

Bochner, A. and Ellis, C. (2002). Ethnographically speaking: Autoethnography, literature and aesthetics. Walnut Creek, CA: Alta Mira Press.

Boden, R, Epstein, D. and Kenway, J. (2004). Building networks, Book 4 in The academic support kit. London: Sage.

Bolker, J. (1998). Writing your dissertation in fifteen minutes a day: A guide to starting revising and finishing your doctoral thesis. New York: Henry Holt.

Bonhomme, J. (2004). The health status of African-American men: improving our understanding of men's health, The Journal of Men's Health and Gender, 1(2 - 3), 142 - 146.

Boote, D. N. and Beile, P. (2005). Scholars before researchers: on the centrality of the dissertation literature review in research preparation. Educational Researcher, 34(6), 3–15.

Bourdieu, P. (1990). The logic of practice. Stanford, CA: Stanford University Press.

Bunton, D. (2002). Generic moves in PhD thesis introductions. In J. Flowerdew (ed.), Academic discourse (pp.55–75). London: Longman.

Burdell, P. and Swadener, B. B. (1999). Critical personal narrative and autoethnography in education: reflection on a genre. Educational Researcher, 28(6), 21–26.

Bunon, S. and Steane, P. (eds) (2004). Surviving your thesis. London: RoutledgeFalmer.

Bunon-Jones, A. (2003). Knowledge capitalism: the new learning economy. Policy Futures in Education, 1(1), 143–159.

Cadman, K (2000). 'Voices in the air': Evaluations of the learning experiences of international postgraduates and their supervisors. Teaching in Higher Education, 5(4), 475–491.

Carter, S., Kelly, F. and Brailsford, I. (2012). Structuring your research thesis. Basingstoke: Palgrave Macmillan.

Casanave, C. and Li, X. (eds) (2008). Learning the literacy practices of graduate school. Insider's reflections on an academic enculturation. Ann Arbor, MI: University of Michigan Press.

Ceroni, K., Garman, N., Haggerson, N., MacMahon, P., Piantanida, M. and Spore, M. (1996). Disturbing our universe: the dissertation as personal narrative. Paper presented at the American Educational Research Association Annual Meeting, New York (April).

Charney, D. and Carlson, R. (1995). Learning to write in a genre: what student writers take from model texts. Research in the Teaching of Writing, 29, 88–125.

Cixous, H. and Calle-Gruber, M. (1997). Rootprints: Memory and life writing. New York: Routledge.

Clark, R. and Ivanic, R. (1997). The politics of writing. London: Routledge.

Clements, P. (1999). Autobiographical research and the emergence of the fictive voice. Cambridge Journal of Education, 29(1), 21–32.

Clough, P. (2002). Narratives and fictions in educational research. Buckingham: Open University Press.

Convery, A. (1999). Listening to teachers' stories: are we sitting too comfortably? Qualitative Studies in Education, 12(2), 131–146.

Cooley, L. and Lewkowicz, J. (2003). Dissertation writing in practice: Turning ideas into text. Hong Kong: Hong Kong University Press.

Cotterill, P. and Letherby, G. (1993). Weaving stories: personal auto/biographies in feminist research. Sociology, 27(1), 67–80.

Cross, R and O'Loughlin, K. (2013). Continuous assessment within university English

Pathway Programs: realizing formative assessment within high stakes contexts. Studies in Higher Educntion, 38(4), 584 – 594.

Cryer, P. (2001). The research student's guide to success (2nd edn). Buckingham: Open University Press.

Culler, J. and Lamb, K. (eds) (2003). Just being difficult? Academic writing in the public arena. Stanford, CA: Stanford University Press.

Curry, M.J. and Lillis, T. (2013). A scholar's guide to getting published in English. Critical choices and practical strategies. Bristol: Multilingual Matters.

Czarniawska, B. (undated). Organizations as obstacles to organizing http://www.hhs.se/DE/Documents/Nobelsymposium/Czarniawska.pdf. Accessed 7 May 2013.

De Certeau, M. (1988). The practice of everyday life. (S. Randall, trans.). Los Angeles: University of California Press.

De Lange, T. (2011). Writing an article based thesis: experiences from a Norwegian context. Paper presented at the European Conference for Educational Research, Berlin (September).

Deane, M. and O'Neill, P. (2011). Writing in the disciplines: Universities into the 21st century. London: Palgrave Macmillan.

Delamont, S. and Atkinson, P. (1995). Fighting familiarity. Essays on education and ethnography. Cresskill, NJ: Hampton Press.

Delamont, S., Atkinson, P. and Parry, O. (1997). Supervising the PhD: A guide to success. Buckingham: Open University Press.

Delamont, S., Atkinson, P. and Parry, O. (2000). The doctoral experience: Success and failure in graduate school. London: Falmer Press.

Delanty, G. (2001). The university in the knowledge age. Organization, 8(2), 149 – 153.

Denzin, N., Lincoln, Y. and Smith, L. Tuhiwai (2008). Handbook of critical and indigenous methodologies. Thousand Oaks, CA: Sage.

Derewianka, B. (1990). Exploring bow texts work. Newtown, NSW: Primary English Teaching Association.

Dewey, J. (1897). My pedagogic creed. The School Journal, LIV(3), 77 – 80.

Dewey, J. (1916). Democracy and education: An introduction to the philosophy of education (1996 edn). New York: Free Press. http://www.itl.columbia.cdu/academic/texts/dewey/d_e/contents.html. Accessed 20 March 2000.

Dewey, J. (1934). Art as experience (1980 edn). New York: Perigee.

Dewey, J. (1938). Experience and education (1963 edn). New York: Collier Books.

Dias, P and Paré, A. (2000). Transitions: Writing in academic and workplace settings. Cresskill, NJ: Hampton Press.

Dickey, J. (1970). Deliverance. New York: Dell.

Didi, A. (2012). The Maldives in transition: human rights and voices of dissent. PhD thesis.

Curtin University, Perth.

Dinham, S. and Scott, C. (2001). The experience of disseminating the results of doctoral research. Journal of Further and Higher Education, 25(1), 45 – 55.

Du Gay, P. (1996). Consumption and identity at work. London: Sage.

Du Gay, P., Evans, J. and Redman, P. (eds) (2000). Identity: A reader. London: Sage.

Dudley-Evans, T. (1997). Genre: how far can we, should we go? World Englishes, 16(3), 351 – 358.

Dudley-Evans, T. (1999). The dissertation: a case of neglect? In P. Thompson (ed.), Issues in EAP writing research and instruction. Reading: Centre for Applied Language Studies, University of Reading.

Dunleavy, P. (2003). Authoring a PhD: How to plan, draft, write and finish a doctoral dissertation or thesis. London: Palgrave.

Dunsmire, P. (1997). Naturalizing the future in factual discourse: a critical linguistic analysis of a projected event. Written Communication, 14(2), 221 – 264.

Eggins, S. (2004). An introduction to systemic functional linguistics (2nd edn). New York: Continuum.

Eley, A. and Murray, R. (2009). How to be an effective supervisor: Best practice in research student supervision. London: Open University Press.

Ellis, C. and Flaherty, M. (eds) (1992). Investigating subjectivity: Research on lived experience. London: Sage.

Ellsworth, E. (2005). Places of learning: Media, architecture, pedagogy. New York: RoutledgeFalmer.

Ely, M., Vinz, R, Downing, M. and Anzul, M. (eds) (1997). On writing qualitative research: Living by words. London: Falmer Press.

Engestrom, C. M. (1999). Promoting the scholarly writing of female doctoral students in higher education and student affairs programs. NASPA Journa, 36(4), 264 – 277.

Epstein, D., Boden, R, Deem, R. Rizvi, F. and Wright, S. (eds) (2008). Geographies of knowledge, geometrics of power: Reframing the future of higher education. World Year Book of Education. London: Routledge.

Evans, T. D. (2002). Part-time research students: are they producing knowledge where it counts: Higher Education Research and Development, 21(2), 155 – 165.

Evans, T. D. and Pearson. M. (1999). Off-campus doctoral research in Australia: emerging issues and practices. In A. Holbrook and S. Johnston(eds), Supervision of postgraduate research in education (pp. 185 – 206). Coldstream, Victoria: Australian Association for Research in Education.

Fairclough, N. (1989). Language and power (1994 edn). Singapore: Longman.

Fairclough, N. (1992). Discourse and social change. London: Polity.

Flowerdew, J. (1993). An educational, or process approach, to the teaching of professional genres. ELT Journal, 47, 305 - 317.

Foucault, M. (1991). Politics and the study of discourse. In G. Burchell, C. Gorden and P. Miller(eds), The Foucault effect: Studies in governmentality (pp.53 - 72). Chicago, IL: University of Chicago Press.

Foucault, M. (1994). The birth of social medicine. In J. D. Faubion(ed.), Power. The essential works of Foucault., 1954 - 1984. Volume 3(pp. 135 - 56). New York: The New Press.

Franklin, B. (ed.) (1999). Social policy, the media and misrepresentation. London: Routledge. Game, A. and Metcalfe, A. (1996). Passionate sociology. London: Sage.

Ganobesik-Williams, L. (ed.) (2006). The authority to imagine: The struggle toward representation in dissertation writing. New York: Peter Lang.

Geertz, C. (1973). The interpretation of cultures. New York: Basic Books.

Gibbons, M., Limoges, C., Nowtowny, H., Schwartzman, S., Scott, P. and Trow, M. (1994). The New production of knowledge: The dynamic of science and research. London: Sage.

Giddens, A. (1991). Modernity and self identity. Stanford, CA: Stanford University Press.

Giltrow, J. (1995). Academic writing: Writing and reading across the disciplines. Ontario: Broadview Press.

Glatthorn, A. (1998). Writing the winning dissertation: A step by step guide. London: Corwin Press.

Gloden-Biodden, K. and Locke, K. (1997). Composing qualitative research. Thousand Oaks, CA: Sage.

Goodson, P. (2012). Becoming an academic writer: 50 exercises for paced, productive, and powerful writing. Thousand Oaks, CA: Sage.

Graff, G. and Birkenstein, C. (2010). They say, I say. The moves that matter in academic writing (2nd ed.). New York: W W Norton & Co.

Grant, B. (2006). Writing in the company of other women: exceeding the boundaries. Studies in Higher Eduction, 31(4), 483 - 495.

Graves, D. (1983). Writing: Teachers and children at work. Portsmouth, NH: Heinemann.

Hall, S. (1996). Who needs 'identity'? In S. Hall and P. du Gay (eds), Questions of cultural identity (pp.1 - 17). London: Sage.

Gustavii, B. (2012). How to prepare a scientific doctoral dissertation based on research articles. Cambridge: Cambridge University Press.

Halliday, M. (1985). An introduction to functional grammar. London: Edward Arnold.

Halliday, M. and Martin, J. (1993). Writing science. London: Taylor & Francis.

Halliday, M. and Matthiessen, C. M. I. M. (2004). An introduction to functional grammar. (3rd edn, revised by C. Matthiessen) London: Edward Arnold.

Hammond, J. (1990). Is learning to read and write the same as learning to speak? In F.

Christie (ed.), Literacy for changing world (pp. 79 - 117). Melbourne, Victoria: Australian Council for Educational Research.

Haraway, D. (1998). Situated knowledge: the science question in feminism and the privilege of paratial perspective. Feminist Studies, 14(3), 575 - 599.

Hart, C. (1998). Doing a literature review. Thousand Oaks, CA: Sage.

Hart, C. (2001). Doing a literature review. Thousand Oaks, CA: Sage.

Haug, F. (1987). Female sexualization (E. Carter, trans.). London: Sage.

Heath, T. (2002). A quantitative analysis of PhD students' views od supervision. Higher Education Research and Development, 21(1), 41 - 53.

Hendricks, M. and Quinn, L. (2000). Teaching referencing as an introduction to epistemological empowerment. Teaching in Higher Education, 5(4), 447 - 457.

Hogan, C. (2005). Professional learning through narratives of practice. Unpublished PhD thesis, Deakin University, Geelong, Victoria.

Hyland, K. (1999). Disciplinary discourses: writer stance in research articles. In C. N. Candlin and K. Hyland (eds), Writing Texts, Processes and practices (pp. 99 - 121). London: Longman.

Hyland, K. (2000). Disciplinary discourses: Social interactions in academic writing. London: Longman.

Hyland, K. (2002). Options of identity in academic writing. ELT Journal, 56(4), 351 - 358.

Janks, H. (2002). Critical discourse analysis as a research tool. In M. Toolan (ed.), Critical discourse analysis: Critical concepts in linguistics, Volume IV (pp. 26 - 42). London: Routledge.

Jesson, J., Matheson, L. and Lacey, F. (2011). Doing your literature review: Traditional and systematic techniques. London: Sage.

Jones, A. (1992). Writing feminist eductional research: an 'I' in the text? In S. Middleton and A. Jones (eds), Women and education in Aotearoa (pp. 18 - 32, 224). Wellington: Bridget Williams Books.

Jones, K. (2003). Education in Britain: 1944 to the present, Oxford: Polity Press.

Kamler, B. (2001) Relocating the personal. A critical writing pedagogy. New York: State University of New York Press.

Kamler, B. (2005). Learning the ropes of academic publishing: doctoral writing output in education and science. Paper presented at the British Educational Research Association Annual Conference, University of Glamorgan, Wales, (14 - 17 September).

Kamler, B. (2008). Rethinking doctoral publication processes: writing from and beyond the doctorate. Studies in Higher Education, 33(3), 283 - 294.

Kamler, B. (2010). Revise and resubmit: the role of publications brokers. In C. Aitchison, B. Kamler and A. Lee (eds), Publishing pedagogies for the doctorate and beyond (12 - 19). London: Routledge.

Kamler, B. and Maclean, R. (1997). 'You can't just go to court and move your body': first year students learn how to write and speak the law. Law/Text/Culture, 3, 176 – 209.

Kamler, B. and Rowan, L. (2004). Quality learning and quality education: new times, new relationships, new pathways. Paper presented at the International Symposium on Quality Education, National Normal University of Taiwan, Taipei, (14 – 16 December).

Kamler, B. and Thomson, P. (2004). Driven to abstraction: doctoral supervision and writing pedagongies. Teaching in Higher Education, 9(2), 195 – 209.

Kamler, B. and Thomson, P. (2008). The failure of dissertation advice books: towards alternative pedagogies for doctoral writing. Educational Researcher, 37(8), 507 – 518.

Kilbourn, B. (2001). The art and structure of the first paragraph. Teachers College Record. Http://www.tcrecord.org. ID number 10707. Accessed 19 May 2003.

King, T. (2003). The truth about stories. Toronto: House of Anansi.

Kovach, M. E. (2010). Indigenous methodologies: Characteristics, conversations and contexts. Toronto: University of Toronto Press.

Lather, P. (1992). Critical frames in educational research: feminist and poststructural perspectives. Theory into practice, 31(2), 87 – 99.

Lea, M. R. and Stierer, B. (eds) (2000). Student writing in higher education: New contexts. Buckingham: Open University Press.

Lea, M. R. and Stierer, B. (1998). Student writing in higher education: an academic literacies approach. Studies in Higher in Education, 23(2), 157 – 172.

Lea, M. R. and Stierer, B. (2000). Student writing and staff feedback in higher education: an academic literacies approach. In M. R. Lea and B. Stierer (eds), Student writing in higher education: New contexts (pp.32 – 46). Buckingham: Open University Press.

Leavy, P. (2009). Method meets art. Arts-based research practice. New York: The Guilford Press.

Lee, A. (1998). Doctoral research as writing. In J. Higgs(ed.), Writing qualitative research (pp.121 – 136). Five Dock, NSW: Hampden Press.

Lee, A. (2011). Successful research supervision: Advising students doing research. London: Routledge.

Lee, A. and Bond, D. (2003). Writing groups, change and academic identity: research development as local practice. Studies in Higher Education, 28(2), 187 – 200.

Lee, A. and Danby, S. (eds) (2011). Reshaping doctoral education: International approaches and pedagogies. London: Routledge.

Leibowitz, B. and Goodman, K. (1997). The role of a writing centre in increasing access to academic discourse in a multilingual university. Teaching in Higher Education 2(1), 5 – 19.

Lemke, J. (2003). Multimedia semiotic analysis: Focal questions. http://www. personal. umich.edu/~jaylemke/guides/multimedia_semiotic_analysis_questions html. Accessed 6

May 2004.

Leonard, D. (2001). A woman's guide to doctoral studies. Buckingham: Open University Press.

Leonard, D., Becker, R. and Coate, K. (2004). 'To prove myself at the highest level': the benefits of doctoral study. Higher Education Research and Development, 24(2), 135 – 49.

Li, Y. (2006). A doctoral student of physics writing for publication: a socio-politically oriented case-study. English for Specific Purposes 25, 456 – 478.

Lillis, T. (2001). Student writing: Access, regulation, desire. London and New York: Routledge.

Lillis, T. and Curry, M. J. (2006). Professional academic writing by multilingual scholars: interactions with literacy brokers in the production of English-medium texts. Written Communication, 23(1), 3 – 35.

Lillis, T. and Curry, M. J. (2010). Academic writing in a global context: the politics and practices of publishing in English. Abingdon: Routledge.

Lillis, T. and Turner, J. (2001). Student writing in higher education: contemporary confusion, traditional concerns. Teaching in Higher Education, 6(1), 57 – 68.

Lynn, M. (2004). Inserting the 'race' into critical pedagogy: an analysis of race-based epistemologies. Educational Philosophy and Theory, 36(2), 153 – 165.

McAlpine, L. and Amundsen, c. (eds) (2011). Doctoral education: Research based strategies for doctoral students, supervisors and administrators. Dordrecht: Springer.

McDowell, L. (1997). Capital culture: Gender at work in the city. Oxford: Blackwell.

Maclean, R. (2003). Learning literacies in the law: constructing legal subjectivities. Unpublished PhD thesis, Monash University, Melbourne, Victoria.

McLeod, J. (2005). Writing literature reviews: Online course materials. Melbourne: Deakin University.

Macquarie Dictionary (2009, 5th edn). Sydney: Pan Macmillan.

McWilliam, E., Taylor, P., Thomson, P., Green, B., Maxwell, T., Wildy, H. and Simon, D. (2002). Research training in doctoral programs: What can we learn from professional doctorates? Canberra: Evaluations and Investigations Branch, Department of Education, Science and Training.

Malfroy, J. (2005). Doctoral supervision, workplace research and changing pedagogic practice. Higher Education Research and Development, 24(2), 165 – 178.

Martin. J. R. and Rose, D. (2003). Working with discourse. London: Continuum.

Mewburn, I. and Thomson, P. (2013). Why do academics blog? An analysis of audiences, purposes and challenges. Studies in Higher Education, 38(8), 1105 – 1119.

Moore Johnson, s., Birkeland, S., Donaldson, M., Kardos, S., Kauffman, D., Liu, E. and Peske. H. (2004). Finders and keepers: Helping new teachers survive and thrive in our schools. New York: Teachers College Press.

Mullen, C. (2001). The need for a curricular writing model for graduate students. Journal of Further and Higher Education, 25(1), 117 - 126.

Murray, D. M. (1982). Learning by teaching: Selected articles on writing and teaching. Montclair, NJ: Boynton Cook.

Murray, R. (2002). How to write a thesis. Maidenhead: Open University Press (2nd edn, 2011).

Murray, R. (2010). Becoming rhetorical. In C. Aitchison, B. Kamler and A. Lee (eds), Publishing pedagogies for the doctorate and beyond (101 - 116). London: Routledge.

Murray, R. and Newton, M. (2009). Writing retreats as structured intervention: margin or mainstream? Higher Education Research and Development, 28(5), 541 - 553.

Myers, G. (1985). The social construction of two biologists' proposals. Written Communication, 2(3), 219 - 245.

Nelson, C. and San Miguel, C. (2000). Writing a professional doctorate. Paper presented at the Professional Doctorates Conference, Adelaide, South Australia (May).

Neumann, A. and Peterson, P. (eds) (1997). Learning from our lives: Women, research, and autobiography in education. New York: Teachers College Press.

Ogden, E. H. (1993). Completing your doctoral dissertation or master's thesis in two semesters or less. Lancaster, PA: Technomic Publication.

Page-Adams, D., Cheng, L. C., Gogineni, A. and Shen, C. Y. (1995). Establishing a group to encourage writing for publication among doctoral students. Journal of Social Work Education, 31(3), 402 - 407.

Paltridge, B. (2003). Teaching thesis and dissertation writing. Hong Kong Journal of Applied Linguistics, 8(2), 78 - 96.

Paltridge, B. (2004). Academic writing: review article. Language Teaching, (37), 87 - 105.

Paltridge, B. and Starfield, S. (2007). Thesis and dissertation writing in a second language. A handbook for supervisors. London: Routledge.

Palridge, B., Starfield, S., Ravelli, L. and Nicholson, S. (2011). Doctoral writing in the visual and performing arts: issues and debates, IJADE, 30(2), 242 - 55.

Paré, A. (2010a). Making sense of supervision: deciphering feedback. In P. Thomson and M. Walker (eds), The Routledge doctoral student's companion: Getting to grips with research in education and the social sciences. London: Routledge.

Paré, A. (2010b). Slow the presses concerns about premature publication In C. Aitchison, B. Kamler and A. Lee (eds), Publishing pedagogies for the doctorate and beyond (30 - 46). London: Routledge.

Paré, A. (2011). Speaking of writing: supervisory feedback and the dissertation. In L. McAlpine and C. Amundsen (eds), Doctoral education: Research-based strategies for doctoral students, supervisors and administrators. Dordrecht, The Netherlands:

Springer.

Paré, A., Starke-Meyerring, D. and McAlpine, L. (2009). The dissertation as multigenre: many readers, many readings (179 – 194). In C. Bazerman, A. Bonini, and D. Figueiredo (eds), Genre in a changing world. West Lafayette, IN: Parlor Press.

Paré, A., Starke-Meyerring, D. and McAlpine, L. (2011). Knowledge and identity work in the supervision of doctoral student writing: shaping rhetorical subjects. In D. Starke-Meyerring, A. Paré, M.horne, N. Artemeva and L. Yousoubova(eds), Writing(in) the knowledge society. West Lafayette, IN: Parlor Press.

Park, C. (2007). Redefining the doctorate. Discussion paper. York: Higher Education Academy.

Parker, L. (1998). 'Race is … race ain't': an exploratation of the utility of critical race theory in qualitative research in education. Qualitative Studies in Education, 11(1), 43 – 55.

Pearson, M. (1999). The changing environment for doctoral education in Australia: implications for quality management, improvement and innovation. Higher Education Research and Development, 18(3), 269 – 287.

Peelo, M (2010). Understanding supervision and the PhD. London: Continuum.

Phillips, E. and Pugh, D. S. (1987). How to get a PhD: A handbook for students and their supervisors. Milton Keynes: Open University Press.

Piantanida, M., McMahon, P. and Garman, N. (2003). Sculpting the contours of arts-based educational research within a discourse community. Qualitative Inquiry, 9(2), 182 – 191.

Prain, V. (1997). Textualising yourself in research writing: some current challenge. Journal of Curriculum Studies, 29(1), 71 – 85.

Prior, P. (1998). Writing/disciplinarity: A sociohistoric account of literate activity in the academy. Mahwah, NJ: Lawrence Erlbaum.

Reed-Danahay, D. (ed.) (1997). Auto/ethnography: Rewriting the self and the social. Oxford: Berg.

Reynolds, J. (2010). Writing in the discipline of anthropology theoretical, thematic and geographical aspects. Studies in Higher Education, 35(1), 11 – 24.

Richardson, L. (1990). Writing strategies: Reaching diverse audiences. Thousand Oaks, CA: Sage.

Richardson, L. (1994). Writing. A method of inquiry. In N. Denzin and Y. Lincoln (eds), The handbook of qualitative research (pp.516 – 29). Thousand Oaks, CA: Sage.

Richardson, L. (1997). Fields of play. Constructing an academic life. New Brunswick, NJ: Rutgers University Press.

Rose, M. and McClafferty, K. (2001). A call for the teaching of writing in graduate education. Educational Researcher, 30(2), 27 – 33.

Schultz, K (2001). Stretching the boundaries of participatory research: insights from conducting research with urban adolescents, Australian Educational Researcher, 28(2),

1 – 28.

Seaton, J. (ed.) (1998). Politics and the media: Harlots and prerogatives at the turn of the millennium. Oxford: Blackwell.

Sikes, P. (ed.) (2013). Autoethnography. Thousand Oaks, CA: Sage.

Singleton H. W. and Session, C. L. (2011). Faculty concerns related to distance learning within non-traditional doctoral programs. New Directions for Adult and Continuing Education, 129, 31 – 41.

Smith, L. T. (1999). Decolonising Methodologies: Research and indigenous peoples. London: Zed Books.

Smyth, E., Allen, C. and Wahlstrom, M. (2001). Changing educational environments for professional doctorates at the Ontario Institute for Studies in Education at the University of Toronto (OISE/UT). In B. Green, T. Maxwell and P. Shanahan (eds), Doctoral education and professional practice: The next generation? (pp.66 – 84). Armidale, NSW: Kardoorair Press.

St Pierre, E. and Pillow, W. (eds) (2000). Working the ruins: Feminist poststructuralist theory and method in education. New York: Routledge.

Starfield, S. (2003). The evolution of a thesis-writing course for Arts and Science students: What can applied linguistics offer? Hong Kong Journal of Applied Linguistics, 8(2), 137 – 154.

Swales, J. (1990). Genre analysis: English in academic and research settings. Cambridge: Cambridge Applied Linguistics.

Swales, J. M. and Feak, C. B. (1994). Academic writing for graduate students: Essential tasks and skills. Ann Arbor, MI: University of Michigan Press.

Swales, J. M. and Feak, C. B. (2000). English in today's research world: A writing guide. Ann Arbor, MI: University of Michigan Press.

Sword, H. (2012). Stylish academic writing. Boston, MA: Harvard University Press.

Taylor, S., Rivzi, F., Lingard, B. and Henry, M. (1997). Educational policy and the politics of change. London: Routledge.

Thompson, P. (1999). Exploring of contexts of writing: interviews with PhD supervisors, In P. Thompson (ed.), Issues in writing research and instruction. Reading: Centre for Applied Language Studies, University of Reading.

Thompson, P. and Kamler, B. (2013). Writing for peer reviewed journals: Strategies for getting published. London: Routledge.

Thomson, P. and Walker, M. (eds) (2010). The Routledge doctoral student's companion: Getting to grips with research in education and the social sciences. London: Routledge.

Threadgold, T. (1997). Feminist poetics: Poiesis, performance, histories, London: Routledge.

Torrance, M. and Thomas, G. (1994). The development of writing skills in doctoral research students. In R. G. Burgess (ed.), Postgraduate education and training in the social sciences (pp.105 – 124). London: Jessica Kingsley.

Tripp, D, (1993). Critical incidents in teaching: Developing professional judgement. London: Routledge.

Wagner, J. (1993). Ignorance in educational research: or, how can you not know that? Educational Researcher, 22(5), 15 – 23.

Walker, M. and Thomson, P. (eds) (2010). The Routledge doctoral supervisor's companion: Supporting effective research in education and social sciences. London: Routledge.

Ward, M. H. (2013), Living in liminal space: the PhD as accidental pedagogy. Unpublished PhD thesis, University of Sydney.

Weick, K. (1995). Sense-making in organizations. Thousand Oaks, CA: Sage.

Wellington, J. (2010). Making supervision work for you, London: Sage.

Wenger, E. (1998). Communities of practice. Learning, meaning and identity. Cambridge: Cambridge University Press.

Williams, J. M. and Columb, G. G. (2006). The craft of argument (3rd edn). London: Longman.

Wingate, U. and Tribble, C. (2011). The best of both Worlds? Towards an English for Academic Purposes/Academic Literacies writing pedagogy. Studies in Higher Education, 37(4), 481 – 495.

Winnicott, D. W. (1989). Playing and reality. New York: Routledge.

Wisker, G. (2004). The good supervisor. London: Palgrave Macmillian. (2nd edn, 2012).

Wolcott, H. (2001). Writing up qualitative research (2nd edn). Thousand Oaks, CA.